SOBRE EL AUTOR:

Lic. Fernando Facio Jr.

En 2017, pertenecí a la fundación "El Rancho Teen Court Foundation", y fungía como parte del jurado en el Ayuntamiento de Pico Rivera, California, la cual atiende casos de delitos hechos por adolescentes en zonas escolares y se impartía un juicio por otros jóvenes, dando, en la mayoría de los casos, penalidades de servicio comunitario.

Desde 2020, funde y actualmente dirijo una agencia de publicidad a través de Influencers llamada IMPERIUM, representando a más de 80 talentos en toda la república Mexicana.

En 2021, a cargo de la Organización de apoyo a la Juventud, la mujer, el adulto mayor y discapacitados, (Voluntad Colima) manifesté ante El Observatorio Noticias, mi alarma y preocupación por la inseguridad por la que pasa la juventud y la población en general en el Estado de Colima, México, señalando de manera urgente la necesidad de que los tres niveles de Gobierno (Municipal, Estatal y Federal), atendieran la grave problemática de forma continua.

Culmine la preparatoria en la Universidad de Colima, y la Licenciatura en Derecho en la Universidad Multitecnica Profesional. Adicional a ello, cuento con certificaciones por parte de las Naciones Unidas sobre Prevención y detección sobre Crimen Organizado Transnacional y del Departamento de Seguridad Nacional Estadunidense en Liderazgo e Influencia.

En marzo de 2022, comencé a representar en México a la República Libre de Liberland territorio entre Serbia y Croacia que no había sido reclamado por ninguna otra nación (terra nullius) conocido también como Gornja Siga.

En octubre de 2023, en mis funciones como Representante de Liberland fui invitado a la recepción del 112 Aniversario de la República de China (Taiwán), y 30 Aniversario de la Oficina Económica y Cultural de Taipéi, Taiwán, donde asistieron personas de distintas embajadas y fui personalmente atendido y reconocido por el Embajador Armando Cheng, donde se pudieron tocar temas de Visas, Inversiones Tecnológicas, Derecho Internacional Público, Educación, Salud y Turismo.

En marzo de 2024, hablé con el gobernador de Nevada, Joe Lombardo (Republicano) y su esposa, en un evento de "The Nevada Independent" en Reno, Nevada, el cual expuse de lo que se trata Liberland, sus alcances en tecnología Cripto, Blockchain, Liberland Aid Foundation, Educación, entre otros, buscando posibilidades de colaboración entre Liberland - Nevada.

Explorando Micronaciones:
Un Viaje a través de los Territorios Autoproclamados del Mundo

Autor: Lic. Fernando Facio Jr.
Fecha de Publicación: Abril, 2024
Idioma: Español (ES)

1 ÍNDICE

En los vastos paisajes del mundo, existen comunidades que desafían las convenciones y se erigen como entidades independientes, a menudo pasando desapercibidas para el resto del mundo. Estas son las micronaciones, diminutos reinos, repúblicas y principados que surgen en los rincones más inesperados de nuestro planeta.

El concepto de micronaciones se remonta a la antigüedad, pero su auge moderno se sitúa en el siglo XX, cuando individuos visionarios y grupos excéntricos comenzaron a reclamar pequeñas porciones de tierra, algunas veces solo imaginarias, como territorios independientes. Estos actos pueden surgir como protesta política, experimentos sociales o simplemente como manifestaciones de creatividad.

Hay fuentes que mencionan que existen actualmente de 150 a 400 micronaciones, aunque definir un número exacto es difícil de comprobar ya que muchas de ellas, solo están por corto tiempo, jamás logran darse a conocer ante el mundo, ya sea por cuestiones económicas o fortuitas.

Las micronaciones son tan diversas como las personas que las fundan. Algunas son serias en su intento de ser distintas a las demás buscando establecer una identidad nacional y siguiendo los pasos que dictan el Derecho Público Internacional, como la Republica Libre de Liberland. ubicada entre Serbia y Croacia, territorio anteriormente conocido como Gornja Siga, ya que sus integrantes mencionan que había no sido reclamada por ningún país desde la disolución de Yugoslavia. Otras son puramente simbólicas, como la República de Molossia, ubicada en Nevada, EE. UU., que ofrece visitas guiadas por su pequeño "territorio", solamente en ciertos meses del año, ya que menciona en su página oficial que quieren privacidad al ser de igual manera el lugar de residencia de su creador.

A pesar de su peculiaridad, las micronaciones definitivamente enfrentan una serie de desafíos. La mayoría lucha por ser reconocidas como entidades legítimas por otros países y organizaciones internacionales. Al involucrar la falta de recursos y la presión política a menudo dificultan su sostenibilidad a largo plazo.

Sin embargo, lo que las micronaciones carecen en tamaño y reconocimiento oficial, lo compensan con imaginación y determinación. En su pequeña escala, estos microestados a menudo exploran ideas radicales, experimentan con formas alternativas de gobierno y ofrecen un recordatorio de que, incluso en un mundo dominado por las superpotencias, el individuo aún puede hacer oír su voz.

3 TIERRA DE NADIE (TERRA NULLIUS)

En los anales de la historia colonial, hay un capítulo oscuro que se refiere a la idea de Terra Nullius, tierra vacía o sin dueño, una noción que fue utilizada para justificar la colonización de vastas regiones del mundo. Este concepto, aunque controvertido y ampliamente criticado en la actualidad, desempeñó un papel significativo en la expansión imperialista de las potencias europeas durante los siglos XVIII y XIX.

Todo comenzó con la llegada de los exploradores europeos a nuevas tierras, tierras que, desde su punto de vista, parecían deshabitadas o pobladas por pueblos que no eran considerados civilizados según los estándares europeos de la época. Impulsados por el deseo de riqueza, poder y expansión territorial, estos exploradores reclamaron estas tierras como propiedad de sus respectivas naciones, ignorando por completo los derechos y las reclamaciones de los pueblos indígenas que las habitaban desde tiempos inmemoriales.

Uno de los casos más notorios de la aplicación de la doctrina de Terra Nullius fue en **Australia**. Cuando los primeros colonizadores británicos llegaron a la isla continente en 1788, se encontraron con vastas extensiones de tierra aparentemente deshabitadas, y en virtud de esta percepción, proclamaron la tierra como "terra nullius", sin tener en cuenta la presencia de las diversas culturas indígenas que habían vivido allí durante milenios.

Esta negación de la existencia y los derechos de los pueblos indígenas tuvo consecuencias devastadoras que resonarían a lo largo de la historia. Las poblaciones nativas fueron desplazadas, sus tierras fueron confiscadas y su forma de vida ancestral fue destruida en nombre del progreso y la civilización europea.

Aunque la noción de Terra Nullius ha sido ampliamente desacreditada y condenada como un acto de injusticia y colonización, su legado sigue vivo en las luchas de los pueblos indígenas por el reconocimiento de sus derechos y la reparación de las injusticias históricas sufridas a manos de los colonizadores europeos. Es un recordatorio sombrío de las profundas injusticias inherentes a la empresa colonial y un llamado a la reflexión sobre las consecuencias de la arrogancia y la ambición desmedida en la historia de la humanidad.

4 BIR TAWIL

Bir Tawil es un área de tierra deshabitada y no reclamada ubicada entre Egipto y Sudán en el noreste de África. Se considera que Bir Tawil es una de las últimas áreas de Terra Nullius, es decir, una tierra que no está reclamada ni controlada por ningún país.

La historia detrás de Bir Tawil y su estatus de Terra Nullius es bastante interesante. Se origina en el tratado de límites entre Egipto y Sudán, firmado en 1899 por Gran Bretaña (en representación de Egipto, que estaba bajo su protectorado) y el Imperio Británico. Este tratado definió las fronteras entre ambos países utilizando dos líneas: la Línea de 22° N y la Línea de 15° 45' E. Sin embargo, durante la delimitación, hubo un error y se creó una región triangular entre ambas líneas, conocida como el Triángulo de Hala'ib, que quedó en disputa entre Egipto y Sudán.

Para resolver esta disputa, ambas naciones reclamaron el Triángulo de Hala'ib como parte de su territorio y, en el proceso, abandonaron la región de Bir Tawil. Esta área fue descuidada porque no tenía valor estratégico ni recursos naturales importantes. Como resultado, quedó sin reclamar por ningún país y ha permanecido así desde entonces.

La relación entre Bir Tawil y Terra Nullius es evidente en este caso. Bir Tawil es considerada una de las últimas áreas de Terra Nullius en el mundo moderno, ya que no está bajo la soberanía de ningún Estado-Nación y no está sujeta a ningún tratado o acuerdo internacional. Sin embargo, es importante tener en cuenta que, a pesar de su estatus de Terra Nullius, Bir Tawil es una región desértica y poco habitable, por lo que su valor geopolítico y estratégico es mínimo.

5 MARIE BYRD LAND

Marie Byrd Land es una región de la Antártida occidental, que se extiende al sur del Océano Pacífico y limita con el Mar de Amundsen y el Mar de Bellingshausen. Es una de las áreas más remotas y menos exploradas del continente antártico.

En relación con el concepto de Terra Nullius, Marie Byrd Land ha sido objeto de cierta controversia y debate. Durante la era de la exploración antártica en el siglo XIX y principios del siglo XX, cuando los exploradores europeos y estadounidenses comenzaron a reclamar diferentes partes de la Antártida en nombre de sus países respectivos, surgió la pregunta sobre el estatus legal de esta vasta región.

Algunos argumentaron que Marie Byrd Land, al ser una región poco explorada y deshabitada, podía considerarse como Terra Nullius, es decir, tierra vacía o sin dueño. Esta interpretación llevó a varios países a reclamar partes de Marie Byrd Land como territorio propio, aunque estas reclamaciones no fueron reconocidas internacionalmente debido al Tratado Antártico de 1959.

El Tratado Antártico establece que la Antártida se reserva para fines pacíficos y prohíbe las actividades militares, así como cualquier reclamación territorial. Por lo tanto, aunque Marie Byrd Land fue objeto de disputas territoriales en el pasado, en la actualidad está protegida por el marco legal del Tratado Antártico y no es reconocida como territorio soberano de ningún país.

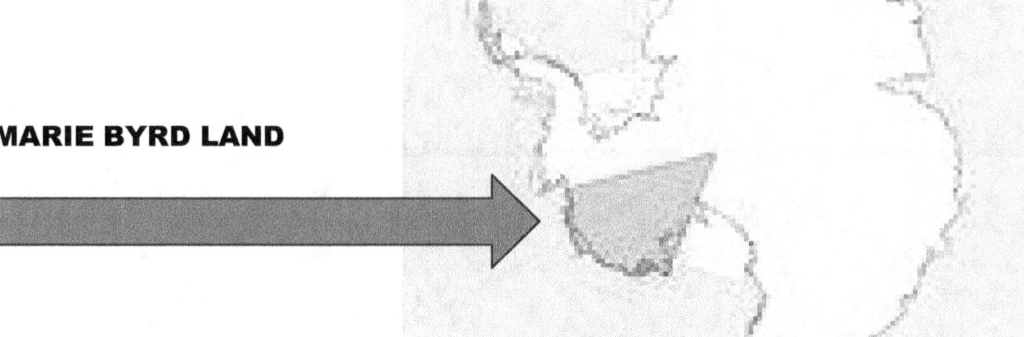

6 GORNJA SIGA

Gornja Siga es un pequeño pueblo situado en la frontera entre Serbia y Croacia, en la región de Baranja. Durante la Guerra de los Balcanes en la década de 1990, esta área fue objeto de disputas territoriales entre Serbia y Croacia, y como resultado, quedó en una situación ambigua en términos de soberanía. Debido a esta incertidumbre, algunos individuos vieron la oportunidad de reclamar esta tierra como un territorio independiente.

Republica Libre de Liberland es el nombre dado a este territorio reclamado. Fundada en 2015 por el ciudadano checo Vít Jedlička, Liberland se proclama a sí misma como una micronación soberana con un gobierno basado en principios de libertad individual, libre mercado y mínima intervención estatal. La idea detrás de Liberland es crear un estado que ofrezca un refugio para aquellos que buscan vivir en un entorno de mínima regulación y máxima libertad.

La relación entre Gornja Siga, Liberland y la doctrina de Terra Nullius es interesante. Aunque la situación en Gornja Siga no es exactamente un ejemplo de Terra Nullius en el sentido histórico, ya que no se trata de una tierra deshabitada o sin dueño, sí refleja un vacío legal y disputas de soberanía que pueden evocar el concepto de Terra Nullius. En el caso de Liberland, sus fundadores han argumentado que la tierra reclamada se encontraba en un estado de "terra nullius" debido a las disputas territoriales entre Serbia y Croacia, desde la disolución de Yugoslavia, lo que les permitió reclamarla como un territorio independiente.

7 DIFERENCIAS ENTRE MICRONACIONES, ESTADOS CON RECONOCIMIENTO LIMITADO Y MICRO-ESTADOS

En el complejo panorama de la política internacional, existen diferentes entidades que desafían las convenciones del sistema estatal tradicional. Entre ellas, destacan las micronaciones, los estados con reconocimiento limitado y los microestados, cada uno con características y objetivos distintos.

Micronaciones:
Las micronaciones son entidades que se proclaman a sí mismas como estados independientes, pero que generalmente carecen de reconocimiento oficial por parte de la comunidad internacional. Estas naciones pueden surgir por una variedad de razones, como la protesta política, la experimentación social o simplemente como una manifestación de creatividad.

A menudo, las micronaciones se establecen en áreas geográficamente pequeñas y aisladas, y pueden tener una población reducida. Aunque algunas micronaciones buscan ser reconocidas como estados soberanos legítimos, muchas de ellas son principalmente simbólicas y no buscan el reconocimiento oficial.

Ejemplos: Principado de Sealand, Principado de Hutt River y Republica de Molossia.

ESTADOS CON RECONOCIMIENTO LIMITADO:

Por otro lado, los estados con reconocimiento limitado son entidades que han declarado su independencia y han establecido instituciones gubernamentales, pero que no han sido reconocidos como estados soberanos por la mayoría de la comunidad internacional.

Estos estados suelen surgir en contextos de conflictos étnicos, territoriales o políticos, donde una población específica busca separarse de un estado existente para formar su propio gobierno y territorio. A menudo, los estados con reconocimiento limitado enfrentan desafíos significativos en términos de legitimidad y estabilidad, ya que su estatus legal puede ser cuestionado por otros actores internacionales.

Ejemplos: República de Abjasia, República Turca del Norte de Chipre y República Árabe Saharaui Democrática.

MICRO-ESTADOS:

Por último, los microestados son entidades que, a pesar de su pequeño tamaño geográfico y poblacional, son reconocidos como estados soberanos por la comunidad internacional. Estos estados pueden ser pequeños en términos de territorio, población y recursos, pero mantienen relaciones diplomáticas y comerciales con otros estados.

Los microestados pueden ser independientes o formar parte de una unión política más grande, como un estado miembro de las Naciones Unidas. Aunque pueden enfrentar desafíos únicos debido a su pequeño tamaño, los microestados a menudo tienen un alto grado de autonomía y capacidad para tomar decisiones políticas y económicas.

Ejemplos: Ciudad del Vaticano, Mónaco y Nauru.

8 PRINCIPADO DE SEALAND

En medio de las aguas del Mar del Norte, donde las olas golpean sin cesar, se alza una estructura singular que desafía las convenciones y encarna el espíritu de la independencia: el Principado de Sealand.

La historia de Sealand se remonta a 1942, durante la Segunda Guerra Mundial, cuando el gobierno británico construyó una plataforma naval conocida como HM Fort Roughs. Después de la guerra, la plataforma fue abandonada, convirtiéndose en un lugar desolado en medio del mar. Sin embargo, en 1967, el ex mayor del ejército británico, Roy Bates, y su familia, decidieron ocupar la plataforma y declararla como su propio país independiente.

Con audacia y determinación, Roy Bates proclamó la independencia de Sealand y se autoproclamó como su soberano, adoptando el título de "Príncipe" Roy Bates. Estableció una constitución, diseñó una bandera y emitió sus propios sellos postales, todo en un esfuerzo por legitimar su microestado en alta mar.

A lo largo de los años, Sealand ha enfrentado una serie de desafíos legales y controversias. El gobierno británico ha intentado en varias ocasiones reclamar jurisdicción sobre la plataforma, argumentando que está dentro de las aguas territoriales británicas. Sin embargo, Sealand ha resistido estos intentos con éxito, defendiendo su autoproclamada independencia con fervor.

A pesar de su tamaño diminuto y su ubicación remota, Sealand ha llegado a simbolizar la lucha por la libertad y la autonomía individual. Su historia única ha atraído la atención de personas de todo el mundo, quienes ven en este principado una inspiración para desafiar las convenciones establecidas y buscar la independencia en sus propios términos.

En 1978, Sealand tuvo un incidente que involucro al gobierno alemán. Un empresario alemán llamado Alexander Achenbach, con la ayuda de un grupo de personas, planeó una toma violenta de Sealand mientras el Príncipe Roy Bates estaba ausente. Achenbach había establecido una empresa llamada "Sealand Rebel Government" (Gobierno Rebelde de Sealand) y llegó a la plataforma con la intención de tomar el control. Sin embargo, Bates y su hijo Michael, quien estaba a cargo de la plataforma en ese momento, lograron repeler el ataque después de un breve enfrentamiento armado. Después del intento de invasión, el Príncipe Roy Bates retuvo a Achenbach y a otro miembro del grupo como prisioneros, acusándolos de traición. Sin embargo, Alemania intervino diplomáticamente y presionó para que fueran liberados. Como resultado, Bates finalmente liberó a los prisioneros y renunció a sus reclamos contra ellos. Aunque el intento de invasión no tuvo éxito, atrajo la atención mundial hacia Sealand y contribuyó a su notoriedad como micronación.

Hoy en día, Sealand continúa siendo habitado por miembros de la familia Bates, así como por un pequeño personal que mantiene la plataforma en funcionamiento. Aunque su estatus internacional sigue siendo ambiguo y su territorio limitado, el Principado de Sealand persiste como un recordatorio de que, incluso en los rincones más remotos del mundo, el espíritu humano de la independencia y la autodeterminación puede florecer. Su futuro es incierto, pero su legado perdurará como un faro de esperanza para aquellos que sueñan con alcanzar la libertad en medio del vasto océano.

BANDERA

VISTA AEREA - SEALAND

9 EL PRINCIPADO DE HUTT RIVER

En el vasto y desértico oeste de Australia, en una región conocida por su aridez y su paisaje árido, se encuentra un lugar fuera de lo común: el Principado de Hutt River. Esta micronación, a menudo pasada por alto en los mapas convencionales del mundo, es un testimonio viviente del espíritu independiente y la determinación de un hombre.

La historia del Principado de Hutt River se remonta a 1970, cuando Leonard George Casley, un granjero de la zona, se encontró en una situación de conflicto con el gobierno australiano debido a los límites de producción impuestos a los agricultores. Frustrado por lo que percibía como interferencia gubernamental excesiva en su negocio, Casley decidió tomar una medida radical: declarar su granja como un estado independiente.

Armado con una interpretación particular de una ley australiana sobre impuestos agrícolas, Leonard Casley proclamó la independencia de su propiedad y la creación del Principado de Hutt River el 21 de abril de 1970. Nombró a su familia como la realeza reinante, designándose a sí mismo como Príncipe Leonard I y a su esposa como Princesa Shirley. Aunque la declaración de independencia fue inicialmente vista con escepticismo e incredulidad, el Principado de Hutt River persistió.

Lo que comenzó como un acto de desafío personal pronto atrajo la atención de otras personas que compartían las preocupaciones de Casley sobre el exceso de regulación gubernamental. La micronación creció lentamente, atrayendo a simpatizantes y turistas curiosos. El Principado de Hutt River emitió su propia moneda, sellos postales y pasaportes, y estableció relaciones diplomáticas con otras micronaciones y organizaciones no reconocidas.

A lo largo de los años, el Principado de Hutt River se ha enfrentado a desafíos y controversias. Aunque ha mantenido una existencia relativamente pacífica, ha tenido enfrentamientos legales con el gobierno australiano, que no reconoce su independencia y considera a Leonard Casley y su familia como ciudadanos australianos sujetos a sus leyes.

A pesar de estos desafíos, el Principado de Hutt River se preservo hasta el año 2020, que se unió nuevamente a Australia, aun así, se convierte en un símbolo de aquella resistencia frente a la autoridad gubernamental.

El legado del Principado de Hutt River no se limita a sus fronteras simbólicas en el desierto australiano; más bien, representa un recordatorio de la capacidad del individuo para desafiar las normas establecidas y defender sus principios, incluso en los lugares más inesperados. En un mundo donde la autonomía personal a menudo se ve amenazada por la burocracia y la regulación, el Principado de Hutt River sirve como un recordatorio de que la libertad y la independencia son valores dignos de protección y defensa, sin importar cuán pequeño sea el territorio que ocupen.

BANDERA

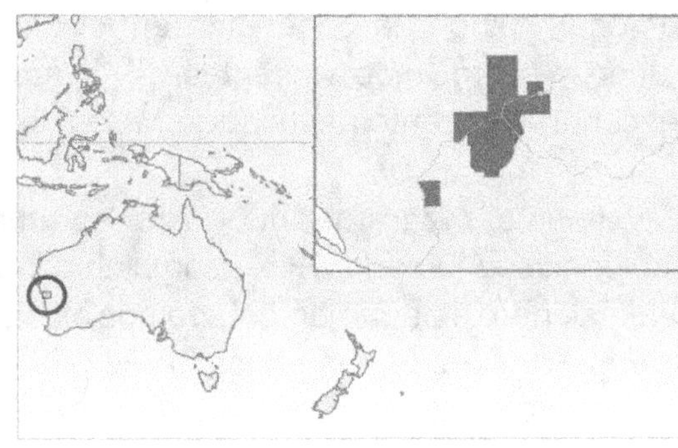

UBICACIÓN DEL EXTINTO PRINCIPADO

10 REPUBLICA DE MOLOSSIA

En los áridos paisajes del desierto de Nevada, entre las vastas extensiones de tierra y el horizonte interminable, se encuentra un país diminuto y peculiar que desafía las convenciones: Molossia.

La historia de Molossia comienza en la década de 1970, cuando Kevin Baugh, un ciudadano estadounidense con un espíritu aventurero y un toque de excentricidad, decidió fundar su propia micronación en su propiedad en Dayton, Nevada. Inspirado por su fascinación por la historia, la política y la creatividad, Baugh proclamó la independencia de su pequeño territorio y lo nombró Molossia, en honor a una antigua región en Grecia.

A lo largo de los años, Baugh ha desarrollado una serie de elementos que constituyen la identidad de Molossia. Estos incluyen una constitución, una bandera, un himno nacional y hasta una moneda propia, el Valora. Además, Molossia emite pasaportes y sellos postales, y su territorio está dividido en diferentes regiones, cada una con su propio nombre y propósito.

Aunque Molossia es una creación principalmente lúdica, Baugh y sus seguidores han adoptado una filosofía de vida que promueve la paz, la diversión y el respeto mutuo. A través de su micronación, buscan difundir un mensaje de amistad y camaradería, invitando a visitantes de todo el mundo a experimentar la singularidad de Molossia y participar en sus actividades y eventos.

Molossia no está reconocida como una nación soberana por ningún país, ha logrado atraer la atención internacional como un ejemplo único de creatividad y expresión personal. Baugh ha concedido entrevistas a medios de comunicación de todo el mundo y ha recibido visitantes de diversas partes del globo, todos ansiosos por descubrir el encanto peculiar de Molossia.

Actualmente menciona que está en una "supuesta guerra" con la República Democrática Alemana (RDA), también conocida como Alemania del Este o Alemania Oriental, pero esta fue un estado socialista que existió en Europa Central durante la Guerra Fría, desde 1949 hasta 1990.

Baugh reconoce que Molossia no llegara más allá que de ser una micronación, sin una intención real de llegar a un reconocimiento por lo que en su página oficial menciona que sus visitantes no deben llegar sin previo aviso. Ya que a su vez es su hogar y no le sería posible recibir personas en cualquier momento y que no deberán recorrer la nación sin compañía. La temporada turística comúnmente es del 15 de abril al 15 de octubre.

BANDERA

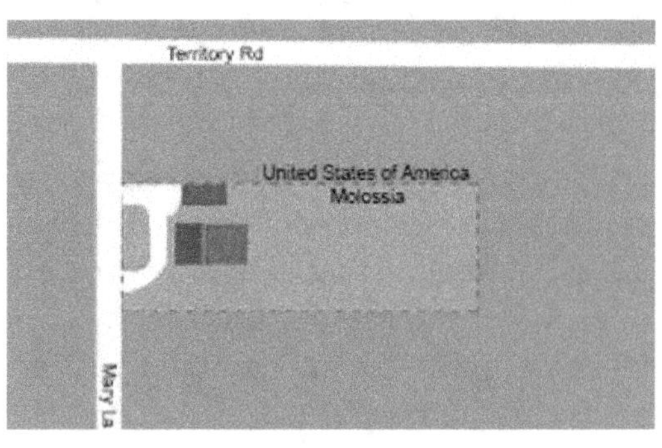

MAPA FRONTERIZA

Es un área situada en la vertiente suroccidental de la cordillera del Cáucaso, al noreste del mar Negro, con Sujumi como su capital. Desde 1992, ha sido de facto una república independiente, aunque Georgia y la mayoría de la comunidad internacional la consideran una república autónoma dentro de ese país. Sin embargo, Rusia, Nicaragua, Venezuela, Nauru y Siria la reconocen como un Estado independiente.

Tras la disolución de la Unión Soviética en 1991, la antigua República Socialista Soviética de Georgia se convirtió en un estado independiente, y la República Autónoma Socialista Soviética de Abjasia se integró a este nuevo estado como una república autónoma. Sin embargo, las tensiones étnicas entre los abjasios y georgianos llevaron a la declaración unilateral de su independencia el 23 de julio de 1992.

Después de una guerra entre las tropas georgianas y los paramilitares rusos y abjasios, se estableció un alto el fuego en 1994. Hasta 2008, Abjasia permaneció como un Estado independiente de facto, pero no reconocido internacionalmente, con el respaldo de Rusia.

En 2006, las tropas georgianas ingresaron a Abjasia y tomaron control de la Alta Abjasia. Desde el 27 de septiembre de ese año, el gobierno de jure se estableció en esa zona, con sede en Chjalta, en el valle de Kodori. Sin embargo, las fuerzas georgianas fueron expulsadas de Abjasia después de la intervención militar rusa durante la Segunda Guerra de Osetia del Sur en agosto de 2008. Rusia fue el primer país en reconocer Abjasia.

Nicaragua el segundo con el presidente Daniel Ortega y Venezuela el tercero por el presidente Hugo Chávez. Después de que estos tres países reconocieran a Abjasia, Vanuatu y Tuvalu se unieron al reconocimiento. Sin embargo, Vanuatu y Tuvalu retiraron sus reconocimientos posteriormente en mayo de 2013 y marzo de 2014, respectivamente. Estados Unidos, la Unión Europea y la OTAN también rechazan su reconocimiento.

BANDERA

EMBLEMA NACIONAL

12 REPÚBLICA TURCA DEL NORTE DE CHIPRE

Esta entidad controla el tercio norte de la isla de Chipre en el Mediterráneo oriental. Surgió a raíz de una serie de conflictos y tensiones étnicas y políticas que llevaron a la división de Chipre.

La RTNC proclamó su independencia en 1983, pero solo es reconocida por Turquía, mientras que el resto de la comunidad internacional, incluida la Organización de las Naciones Unidas, reconoce la soberanía de la República de Chipre sobre toda la isla. Esta situación ha llevado a que la RTNC sea considerada como una entidad autónoma pero no como un Estado soberano en el ámbito internacional.

La capital de la RTNC es Nicosia Norte (Lefkoşa), donde se encuentra la administración central del gobierno. La región se conoce comúnmente como Chipre del Norte para distinguirla de su contraparte en el sur.

Históricamente, la división de Chipre se remonta a la década de 1960, cuando las tensiones entre la población griega y turca en la isla llevaron a una intervención militar por parte de Turquía en 1974, tras un golpe de Estado respaldado por la junta militar griega que buscaba la unión de Chipre con Grecia. Esta intervención condujo a la partición de la isla, con la creación de una zona de amortiguamiento controlada por las fuerzas de la ONU, conocida como la Línea Verde, que separa las dos comunidades étnicas.

La RTNC, a pesar de su reconocimiento limitado, ha establecido instituciones gubernamentales, sistemas legales y económicos propios. También ha desarrollado relaciones diplomáticas y comerciales con varios países, aunque en su mayoría son de naturaleza informal. A lo largo de los años, se han realizado esfuerzos para resolver el conflicto chipriota y reunificar la isla bajo un gobierno federal. Sin embargo, las negociaciones han sido difíciles y en gran medida infructuosas debido a las diferencias políticas, étnicas y territoriales entre las dos comunidades y a la falta de confianza mutua.

BANDERA Y MAPA

13 REPÚBLICA ÁRABE SAHARAUI DEMOCRÁTICA

La República Árabe Saharaui Democrática (RASD) es un Estado autoproclamado en el noroeste de África, en la región conocida como el Sáhara Occidental. Su territorio abarca la mayor parte de esta vasta área desértica, rica en recursos naturales y con una larga historia de disputas territoriales.

La creación de la RASD se remonta a 1976, cuando el Frente Polisario, un movimiento de liberación saharaui, declaró la independencia del territorio controlado por España, que se retiraba de la región. Sin embargo, poco después, Mauritania y Marruecos ocuparon grandes partes del territorio, desencadenando un conflicto que ha perdurado durante décadas.

Desde entonces, la RASD ha luchado por el reconocimiento internacional y la autodeterminación de su pueblo, que ha sido refugiado en campamentos en Argelia desde los años setenta. La organización política del país se basa en un sistema democrático, con un presidente elegido por sufragio universal y una Asamblea Nacional Popular.

La legitimidad de la RASD ha sido objeto de controversia. Aunque está reconocida por aproximadamente 82 países y es miembro de la Unión Africana desde 1982, otros Estados y organismos internacionales no la reconocen como un Estado independiente. Con la presión de Marruecos cerca de 20 países han retirado su reconocimiento hacia RASD ya que considera al Sáhara Occidental como parte integrante de su territorio y ha propuesto un plan de autonomía bajo su soberanía, rechazado por el Frente Polisario y la RASD.

El conflicto en el Sáhara Occidental ha generado tensiones regionales y ha obstaculizado los esfuerzos por encontrar una solución pacífica y duradera. A pesar de los intentos de mediación y de la presencia de la Misión de las Naciones Unidas para el Referéndum en el Sáhara Occidental (MINURSO), la situación sigue siendo compleja y sin resolver.

BANDERA

UBICACIÓN

14 CIUDAD DEL VATICANO

Es un enclave dentro de la ciudad de Roma, Italia, y es el país más pequeño del mundo tanto en extensión como en población. Según la clasificación internacional, su forma de gobierno es la de una teocracia organizada como una monarquía absoluta.

La extensión de la Ciudad del Vaticano es de 0,44 km² (44 hectáreas) y tiene una población de aproximadamente 764 habitantes, lo que la convierte en una combinación única de ciudad y estado independiente, siendo la más pequeña del mundo. La basílica de San Pedro sola ocupa el 7 % de su superficie, mientras que la basílica y la plaza de San Pedro abarcan el 20 % del territorio, haciendo que sea el territorio independiente más urbanizado del mundo. La Ciudad del Vaticano se estableció como Estado independiente en 1929 mediante los Pactos de Letrán entre la Santa Sede y el entonces Reino de Italia, que había conquistado los Estados Pontificios en 1870.

La Ciudad del Vaticano alberga la Santa Sede, la máxima institución de la Iglesia católica. Aunque a menudo se utilizan indistintamente los términos "Ciudad del Vaticano" y "Santa Sede", el primero se refiere al territorio, mientras que el segundo se refiere a la institución que dirige la Iglesia y tiene personalidad jurídica propia como sujeto de derecho internacional. La Santa Sede, y no el Estado del Vaticano, es quien mantiene relaciones diplomáticas con otros países del mundo, mientras que el Vaticano proporciona el soporte territorial para la actividad de la Santa Sede.

La máxima autoridad y jefe de Estado de la Ciudad del Vaticano es el papa de la Iglesia católica, lo que la convierte en la única teocracia y monarquía absoluta restante en Europa. El papa delega las funciones de gobierno en el secretario de Estado.

El conjunto arquitectónico e histórico-artístico que constituye la Ciudad del Vaticano fue declarado Patrimonio de la Humanidad por la UNESCO en 1984, siendo el único caso en que se extiende a un Estado completo.

La Ciudad del Vaticano mantiene relaciones diplomáticas con 183 países, lo que significa que la gran mayoría de las naciones del mundo reconocen su soberanía. Esta cifra incluye a la mayoría de los países miembros de las Naciones Unidas y varios estados observadores y otros estados con reconocimiento limitado.

Algunos países, sin embargo, no mantienen relaciones diplomáticas formales con la Ciudad del Vaticano. Entre estos se encuentran algunas naciones de mayoría musulmana que no reconocen la soberanía de ningún estado religioso, así como algunos países con los que la Santa Sede ha tenido desacuerdos políticos o diplomáticos.

BANDERA

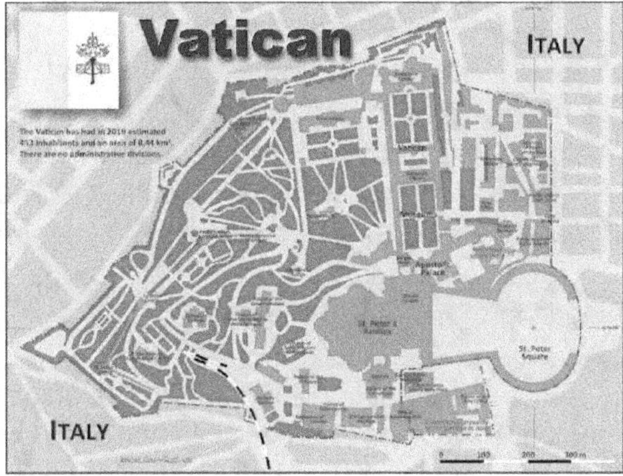

MAPA

15 PRINCIPADO DE MÓNACO

Situado en la costa mediterránea de Francia, es uno de los microestados más famosos del mundo. Con una extensión de apenas 2.02 kilómetros cuadrados, es el segundo estado independiente más pequeño del mundo después del Vaticano. A pesar de su diminuto tamaño, Mónaco ha logrado destacarse como un centro de lujo, glamour y actividad económica.

Este principado, gobernado actualmente por el Príncipe Alberto II, ha tenido una historia rica y fascinante que se remonta a siglos atrás. Fundado en el siglo XIII, Mónaco ha sido testigo de diversas dinastías que han dejado su huella en su cultura, arquitectura y estilo de vida. Sin embargo, fue la familia Grimaldi la que consolidó su dominio sobre Mónaco en el siglo XIII y desde entonces han gobernado el país.

Mónaco es conocido mundialmente por su famoso distrito de Monte Carlo, hogar del famoso Casino de Monte Carlo, la Fórmula 1 Grand Prix de Mónaco y eventos sociales de alta categoría. Su reputación como paraíso fiscal y centro financiero también ha atraído a una comunidad internacional de residentes adinerados y empresas.

A nivel diplomático, Mónaco ha forjado relaciones con numerosos países a lo largo de su historia. Actualmente, más de 150 países reconocen oficialmente al Principado de Mónaco como una entidad soberana e independiente. Esto incluye a muchas naciones europeas y otras alrededor del mundo. Entre los estados que no lo reconocen oficialmente se encuentran algunos países con políticas de reconocimiento selectivo o en disputa.

La relación más importante de Mónaco es con Francia, ya que comparten una larga historia y una frontera común. Un tratado de 1918 aseguró la protección de Mónaco por parte de Francia, mientras que Mónaco se comprometió a mantener su independencia. Esta relación especial también se refleja en el uso compartido del euro como moneda oficial y en la cooperación en áreas como la defensa y la seguridad.

Además de Francia, Mónaco tiene relaciones diplomáticas con numerosos otros países, incluyendo Estados Unidos, Reino Unido, Italia y otros miembros de la Unión Europea. Su estatus como miembro observador en organizaciones internacionales como las Naciones Unidas y la Organización Mundial del Turismo le permite participar en foros internacionales y promover sus intereses a nivel global.

BANDERA

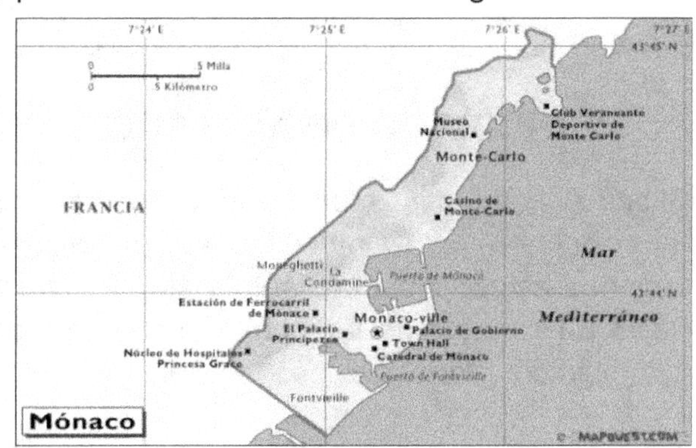

MAPA

16 REPÚBLICA DE NAURU

Con una superficie de apenas 21 kilómetros cuadrados, en el Pacífico central, al noreste de Australia, es uno de los países más pequeños del mundo en términos de territorio y población. Nauru es conocido por ser el país con la menor cantidad de habitantes, con una población estimada de alrededor de 10,000 personas.

Nauru, antes conocido como Pleasant Island (Isla Agradable), ha experimentado una historia tumultuosa desde su descubrimiento en el siglo XVIII. Originalmente habitada por pueblos micronesios, la isla fue anexada por Alemania en 1888 y posteriormente ocupada por Australia durante la Primera Guerra Mundial. Durante la Segunda Guerra Mundial, Nauru fue ocupada por los japoneses. Después de la guerra, volvió a ser administrada por Australia bajo un mandato de la ONU hasta su independencia en 1968.

La economía de Nauru ha estado históricamente centrada en la extracción de fosfatos, una industria que trajo riqueza, pero también graves consecuencias ambientales. Sin embargo, a medida que las reservas de fosfato se agotaban, la economía del país sufrió un declive significativo. En los últimos años, Nauru ha buscado diversificar su economía, centrándose en sectores como el turismo y los servicios financieros.

En cuanto a su reconocimiento internacional, la situación de Nauru es compleja. Hasta la fecha de corte de mi conocimiento en enero de 2022, Nauru cuenta con el reconocimiento diplomático de alrededor de 16 países. Esto significa que solo un número limitado de naciones mantiene relaciones diplomáticas formales con Nauru. Entre los países que reconocen a Nauru se encuentran naciones como Taiwán, la República Popular China, Australia y algunos Estados insulares del Pacífico.

Sin embargo, es importante destacar que la mayoría de los Estados miembros de las Naciones Unidas no reconocen a Nauru como un país independiente. Esta falta de reconocimiento generalmente se debe a la política de algunos países de adherirse a la política de "una sola China", lo que significa que solo reconocen a la República Popular China como el único gobierno legítimo de China y, por lo tanto, no reconocen a Taiwán ni a los países que mantienen relaciones diplomáticas con Taiwán, como Nauru.

La situación diplomática de Nauru refleja una realidad compleja en la política internacional, donde factores como la geopolítica, la economía y las relaciones bilaterales desempeñan un papel crucial en la determinación del reconocimiento y las relaciones entre los estados.

A pesar de su tamaño y su posición geopolítica aparentemente marginal, Nauru continúa enfrentando desafíos y oportunidades en la escena internacional mientras busca afirmar su soberanía y prosperidad en el mundo moderno.

BANDERA

UBICACIÓN

17 La Isla de las Rosas: La Historia de Giorgio Rosa y su Micronación

Giorgio Rosa, un joven ingeniero italiano lleno de ambición y sueños utópicos, se encontraba frente al mar Adriático, contemplando las olas que rompían en la costa de Rimini. Era 1967 y en su mente bullía una idea audaz: construir una plataforma artificial en alta mar, un lugar donde él y otros podrían escapar del mundo convencional y explorar nuevas fronteras de libertad y experimentación.

Con determinación y un grupo de amigos entusiastas, Rosa comenzó la construcción de lo que se convertiría en la Isla de las Rosas. En junio de 1967, las primeras estructuras de concreto reforzado comenzaron a emerger sobre las aguas del Adriático, a unas 7.5 millas náuticas de la costa italiana. La plataforma, equipada con viviendas, un restaurante, un bar y hasta una oficina postal, estaba destinada a convertirse en un refugio para aquellos que anhelaban la independencia y la libertad fuera de los límites establecidos por la sociedad.

El 24 de junio de 1968, Giorgio Rosa proclamó la independencia de la Isla de las Rosas, nombrándola la "República de la Isla de las Rosas" y designándose a sí mismo como presidente. Sin embargo, el gobierno italiano no tardó en desestimar esta declaración, considerando la plataforma como una acción ilegal y sin base legal.

A pesar de la oposición del gobierno, la Isla de las Rosas atrajo la atención de turistas de todo el mundo. La promesa de un destino único y la idea de visitar una micronación independiente generaron un flujo constante de visitantes. Los turistas disfrutaban de las vistas del mar Adriático desde la plataforma, cenaban en el restaurante y enviaban postales con los sellos postales emitidos por la República de las Rosas.

Sin embargo, el gobierno italiano no estaba dispuesto a tolerar esta "rebelión" frente a su autoridad. En un intento por sofocar la actividad en la Isla de las Rosas, cortaron el suministro de agua y electricidad en 1968, pero Rosa y sus seguidores encontraron formas ingeniosas de mantener la isla en funcionamiento.

Con la esperanza de obtener reconocimiento internacional para su micronación, Rosa envió un paquete a las Naciones Unidas en el que solicitaba el reconocimiento de la República de la Isla de las Rosas como un estado soberano. Aunque revisaron el caso de la Isla, a su vez notificaron al gobierno italiano por lo que para ellos fue un acto desafiante.

Paralelamente, Rosa también apeló al Consejo de Europa, buscando su intervención para negociar con el gobierno italiano. Sin embargo, estas solicitudes no tuvieron éxito, ya que mencionaron que no pertenecía a territorio Europeo, siendo así, la isla continuó siendo considerada ilegal por las autoridades italianas.

La situación llegó a un punto crítico en febrero de 1969, cuando el gobierno italiano envió a un buque de la Marina para rodear la Isla de las Rosas y de allí procedieron a arrestar a Giorgio Rosa y a sus seguidores. La plataforma fue destruida mediante explosivos, y Rosa fue acusado de alta traición, aunque finalmente fue absuelto.

La breve existencia de la República de la Isla de las Rosas dejó un legado duradero. Desde la primera década del 2000, ha resurgido el interés en la Isla de las Rosas, siendo objeto de investigaciones, documentales y redescubrimientos que resaltan su aspecto utópico y su breve pero fascinante historia como un símbolo de la lucha por la autonomía y la libertad individual en un mundo controlado por las naciones establecidas.

República de la Isla de las Rosas

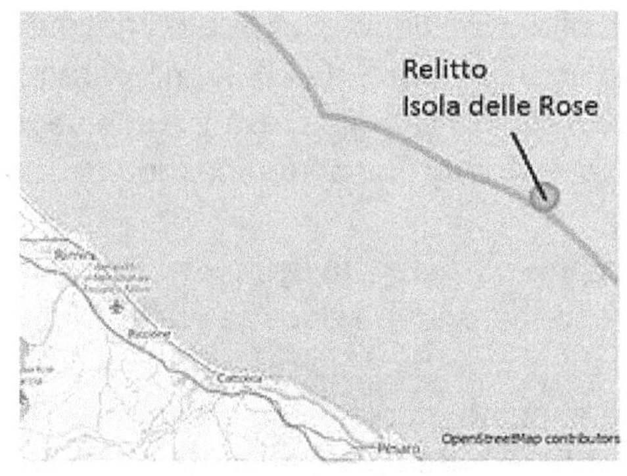

BANDERA

UBICACIÓN
44°10'49"N, 12°37'20"E

18 LA REPUBLICA LIBRE DE LIBERLAND: LA HISTORIA DE VIT JEDLICKA Y SU MICRONACIÓN EN TIEMPOS MODERNOS

Uno de los ejemplos más recientes y notables sobre Micronaciones es el de Liberland, fundada por Vit Jedlicka en 2015 en una pequeña franja de tierra disputada entre Serbia y Croacia, a lo largo del río Danubio.

El Origen:

La historia de Liberland comienza con Vit Jedlicka, un activista y político checo, que buscaba lugares en el mundo sin reclamar, y decía que era más fácil crear una nueva nación, que arreglar los problemas de uno ya existente, por lo que en abril de 2015 proclamó la fundación de esta micronación en un área de 7 kilómetros cuadrados que había quedado sin reclamar debido a un conflicto territorial entre Serbia y Croacia. Jedlicka, junto con un grupo de partidarios, argumentó que este terreno, conocido como la Zanja de Gornja Siga, estaba deshabitado y era una tierra de nadie, lo que les permitía establecer un nuevo estado.

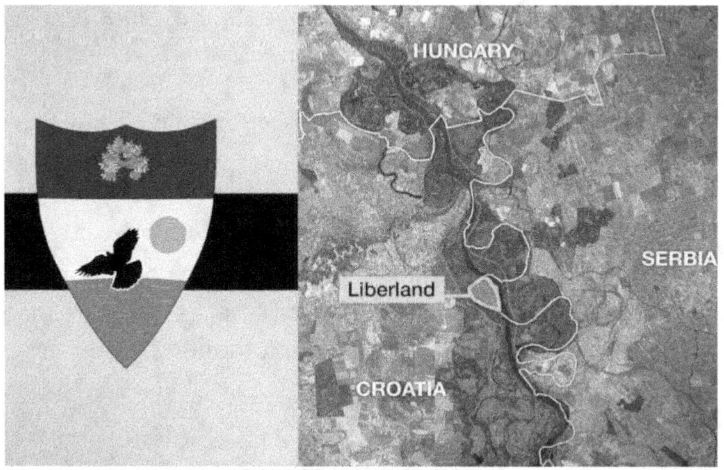

BANDERA Y UBICACION

La Filosofía:

La ideología detrás de Liberland se basa en principios de libertad individual, democracia directa, economía de mercado y mínima intervención gubernamental. Jedlicka busca crear un lugar donde los ciudadanos pudieran disfrutar de un gobierno no intrusivo y un entorno empresarial favorable. El lema de Liberland es "Vive y deja vivir".

Gobierno:
Utilizando Blockchain para mayor transparencia, cuenta con un Gobierno Provisional el cual se disolverá una vez que la Asamblea preste juramento después de la primera Elección General.

Hasta el año 2024, se integra de la siguiente manera:
- ❖ **Presidente**
- ❖ **Vicepresidente**
- ❖ **Ministro de Relaciones Exteriores**
- ❖ **Ministro de Finanzas**
- ❖ **Ministro de Justicia**
- ❖ **Secretario de Estado**
- ❖ **Congreso.**

Presencia Internacional:
Liberland cuenta con representantes en todo el mundo, por de Facto; Cónsules y Embajadores cuya misión es crear lazos con entes gubernamentales o privados, donde no las haya, para así generar conocimiento de Liberland e impulsar la posibilidad de reconocimiento.

En su página oficial mencionan tener, 77 oficinas de representación, 978 ciudadanos, y más de 740 mil solicitudes de ciudadanía.

Economía:
Liberland obtiene recurso económico principalmente por donaciones de sus simpatizantes, aunque en recientes años han podido establecer acuerdos con el puerto de Apatin, Serbia, y crear dos tipos de criptomoneda.

Liberland Merit:
Es el símbolo político de Liberland, otorgado por sus contribuciones al desarrollo de la nación. 5000 méritos en juego y aprobar un proceso de residencia electrónica basado en KYC permite reclamar la ciudadanía. Los ciudadanos utilizan el LLM para votar en elecciones y referendos y participar en los "vetos de recuento ciudadano" de la legislación aprobada. Nunca habrá más de 70 millones de méritos.

Liberland Dólar:

Es el token operativo de Liberland Blockchain similar a DOT o ETH. Es requerido para las tarifas de gas, celebrar contratos, operar empresas y colaborar con los tribunales. Como cadena NPoS, los validadores se seleccionan en función de su LLD apostado. LLD no se puede utilizar para votar en elecciones o referendos, lo que proporciona una separación de poderes: quienes cuentan los votos son diferentes de quienes los emiten.

Impuestos Voluntarios:

Los impuestos en Liberland son voluntarios. Además de pagar impuestos para cubrir los gastos generales del estado, también es posible financiar proyectos específicos con contribuciones fiscales. Todos los impuestos pagados están dirigidos al Tesoro. El Gabinete, formado por el Primer Ministro y otros cuatro ministros, deben pedir a los ciudadanos que proporcionen financiación voluntariamente por proyecto.

Desafíos y Reconocimiento:

Sin embargo, la proclamación de Liberland no estuvo exenta de desafíos. Tanto Serbia como Croacia rechazaron inicialmente la existencia de esta micronación, considerándola una provocación política.

Después Serbia menciono que Liberland no infringe sus fronteras por el cual no tiene ningún problema con esa entidad.

Croacia en 2015 hizo un bloqueo en la zona, arrestando a cualquier persona que se encuentre en el lugar, aunque ninguna detención llego a mayores ya que son liberados al poco tiempo después, debido a la falta de legalidad en la detención, porque Gornja Siga/Liberland no pertenece a Croacia.

En agosto de 2023, Croacia inicio a permitir el ingreso de personas a Liberland, aunque de forma limitada, lo que dio inicio a que atracaran barcos, y se construyeran casas en la zona.

Liberland firmo inicialmente un tratado de cooperación con Somalilandia, logro el reconocimiento diplomático total una entidad soberana que surgió después de la fragmentación de Somalia.

Recibió el reconocimiento del Primer Ministro de Haití en 2020.

En noviembre del 2021, El Salvador con el presidente Nayib Bukele celebró convenios con Liberland, al celebrar la donación que hizo la fundación benéfica de Liberland Aid Foundation para el Hospital Nacional de Niños Benjamín Bloom a través de Bitcoin.

Malaui firmo un Memorándum de entendimiento significando el reconocimiento de Liberland como un socio diplomático y económico válido y digno para el Estado Africano.

Pronunciamientos oficiales:
El 16 de abril de 2015, el partido político libertario suizo Unabhängigkeitspartei, encabezado por Brenda Mäder, apoyó la creación de Liberland y pidió el reconocimiento de Liberland por el gobierno suizo.
El 9 de mayo de 2015, los libertarios declararon apoyo a la creación de Liberland.
El 20 de mayo de 2015, el líder del Partido de los Ciudadanos Libres, Petr Mach, expresó su apoyo a la creación de Liberland y escribió que él desea que la República Checa sea un país similar a Liberland.
El 31 de mayo de 2015, el Partido Libertario expresó su apoyo a la creación de Liberland.
El 19 de febrero de 2018, el Partido Libertario de Canadá expresó su apoyo a la creación y reconocimiento de Liberland.
El 27 de septiembre de 2015 el Partido Liberal Democrático de Turquía reconoció a Liberland como un estado independiente.
En diciembre de 2018, el Partido Libertario expresó su apoyo por la creación y reconocimiento de Liberland.

El caso de Argentina y Liberland:
El 14 de enero de 2019, el líder del espacio político La Libertad Avanza y actualmente presidente de la Nación Argentina, Javier Milei, expresó su apoyo por el proyecto en un programa de radio. También se disfrazó del "General Ancap" (Anarcocapitalista) en un evento de anime, personaje de origen liberlandés creado por él.

En diciembre de 2023, una delegación de Liberland estuvo presente el día que asumió Milei la presidencia de Argentina, (Buenos Aires), fueron bien recibidos por el público en general y lograron reunirse con altos funcionarios del Partido Libertario, hasta Nicolas Emma actual Diputado de la Nación, donde siguen manteniendo fuertes lazos de comunicación.

VIT JEDLICKA, NICOLAS EMMA, NICOLAS MATEOS

BUENOS AIRES, ARGENTINA 2023

Con todos estos avances, Liberland está entre ser una Micronación y un Estado de Reconocimiento Limitado

19 LIBERLAND EN MÉXICO

Por mi parte, dirijo la Oficina de Representación Consular en Colima, México desde marzo 2022. Ubicada en Av. Constitución #1670, Col. Lomas Verdes, Colima, Col. CP. 28017

Como Representante / Cónsul, en **Julio 2022**. a través de la fundación filantrópica de Liberland "Liberland Aid Foundation" realice una donación de Comida y Juguetes en la comunidad de El Cobano en Cuauhtémoc, Colima.

El 04 de octubre de 2023, recibí la invitación por parte del Embajador Armando Cheng a cargo de la Oficina Económica y Cultural de Taipéi en México para el 112 Aniversario de la República de China (Taiwán) y 30 Aniversario de la Oficina en México, llevándose a cabo en el Hotel Barceló Reforma, donde tuve el honor de ser reconocido y de conocerlo en persona y platicar sobre Derecho Público Internacional, Visas, Inversión, tecnología, educación, salud y turismo.

El 04 de Abril de 2024, presente "Liberland – Un Estado en el Siglo XXI", a través del evento de Jalisco Talent Land: Blockchain Land en Guadalajara Jalisco, donde a su vez pude conocer a algunos simpatizantes y residentes.

El 06 de abril de 2024, viaje a Reno, Nevada, Estados Unidos a un evento privado de "The Nevada Independent" donde pude conocer al actual gobernador de Nevada, Joe Lombardo (Republicano), a su esposa y platicarle sobre posibilidades entre Liberland y Nevada.

El 25 de Abril de 2024, hice una ponencia en línea a través del canal de Youtube de la Organización "Partido Libertario México", titulada "Liberland y Ciudades Libertarias" donde expliqué más a detalle los inicios, retos, avances de Liberland, como así también las posibilidades para aquellos que quisieran involucrarse.

Partido Libertario Mx

20 La Convención sobre Derechos y Deberes de los Estados y su aplicación con Micronaciones

Artículo 1.- El Estado como persona de Derecho Internacional debe reunir los siguientes requisitos:

1. **Población permanente:** Muchas micronaciones tienen una población pequeña y a menudo simbólica. Aunque la población puede ser permanente en el sentido de que residen en el territorio de la micronación de manera continua, la mayoría de las veces no se compara con la población de un estado reconocido.

2. **Territorio determinado:** Las micronaciones suelen tener territorios muy pequeños o incluso virtuales, como una porción de Internet. Aunque algunos tienen territorios físicos (como una isla privada o una porción de tierra), su tamaño y ubicación a menudo no cumplen con los estándares de un estado reconocido.

3. **Gobierno:** Las micronaciones generalmente tienen algún tipo de estructura de gobierno, aunque puede variar ampliamente en su forma y eficacia. Algunas tienen monarquías, otras democracias, y algunas son más bien experimentos sociales.

4. **Capacidad de entrar en relaciones con los demás Estados:** Este es un punto crucial. La mayoría de las micronaciones no tienen reconocimiento internacional, lo que significa que no pueden establecer relaciones formales con otros estados. A menudo, sus interacciones son más bien sociales o diplomáticas informales.

Aunque algunas micronaciones pueden cumplir con algunos de los requisitos de la Convención sobre Derechos y Deberes de los Estados, rara vez cumplen con todos los criterios necesarios para ser reconocidas como estados soberanos bajo el derecho internacional. La falta de reconocimiento internacional es un obstáculo importante para su legitimidad como estados independientes.

21 ORGANIZACIÓN DE NACIONES Y PUEBLOS NO REPRESENTADOS (ONPR)

En un mundo donde las naciones soberanas suelen ser reconocidas por la comunidad internacional, existe un fenómeno peculiar que desafía esta norma: la Organización de Naciones y Pueblos No Representados, también conocida como ONPR.

La ONPR es una entidad que agrupa a diferentes grupos étnicos, culturales y políticos que no están representados como estados soberanos reconocidos por la comunidad internacional. Estos grupos, a menudo denominados como naciones o pueblos sin estado, comparten la aspiración de obtener reconocimiento y autonomía política en un mundo dominado por estados-nación establecidos.

La ONPR fue establecida como respuesta a la falta de representación y reconocimiento de estos grupos en los foros internacionales y a la marginación política y cultural que enfrentan en sus respectivas regiones. Su objetivo principal es promover los derechos y la autodeterminación de los pueblos no representados y abogar por su inclusión en los asuntos internacionales.

Aunque la ONPR no posee un territorio o gobierno centralizado, actúa como un paraguas organizativo para una variedad de movimientos y grupos étnicos en todo el mundo. Estos grupos pueden incluir comunidades indígenas, minorías étnicas, grupos separatistas y otros que buscan independencia o autonomía dentro de los estados en los que residen.

Uno de los principios fundamentales de la ONPR es el respeto a la diversidad cultural y étnica, así como el derecho de los pueblos a la autodeterminación. A través de la diplomacia, la defensa de los derechos humanos y la sensibilización internacional, la ONPR trabaja para avanzar en los intereses y aspiraciones de sus miembros.

Sin embargo, la ONPR enfrenta una serie de desafíos en su búsqueda de reconocimiento y legitimidad. La oposición de los estados establecidos, la falta de recursos y la divergencia de objetivos entre los grupos miembros son solo algunos de los obstáculos que enfrenta la organización en su búsqueda de representación y apoyo internacional.

A pesar de estos desafíos, la Organización de Naciones y Pueblos No Representados sigue siendo una voz importante en el escenario internacional, recordándonos la diversidad y la complejidad del mundo en el que vivimos y abogando por la igualdad y la justicia para todos los pueblos, independientemente de su tamaño o estatus político.

Algunos de sus miembros son:
Aceh, Afrikáners, Ahwazi, Asiria, Baluchistán, Barotseland, Batwa, Biafra, Bretaña, Cataluña, Colinas de Chittagong, Tártaros de Crimea, Distrito de Columbia (Washington, DC), Turquestán Oriental, Guam, Haratin, Hmong, Kurdistán iraní, Cabilia, Khmer-Krom, Nagalim, Delta del Níger, Ogaden, Ogoni, Oromo, Sindh, Somalilandia, Molucas del Sur, Azerbaiyán del Sur, Mongolia del Sur, Taiwán, Tíbet, Baluchistán Occidental, Papúa Occidental, Togolandia Occidental, Yoruba, Zambesia.

22 MicroCon

MicroCon es una cumbre o conferencia bianual de micro nacionalistas que se celebra cada dos años desde el 11 de abril de 2015.

El evento fue creado por Kevin Baugh de la República de Molossia, y cada cumbre desde entonces ha sido organizada por una micronación diferente. MicroCon es un evento significativo en la comunidad micro nacional, sirviendo como un lugar para el intercambio de ideas entre los micro nacionalistas.

El evento también ha sido comparado con el equivalente micro nacional de una sesión de la Asamblea General de las Naciones Unidas. La edición más grande, MicroCon 2019 en Hamilton, Ontario, Canadá, contó con 113 asistentes de 43 micronaciones. MicroCon 2023 fue la primera edición en consistir en dos eventos separados: una cumbre americana en Joliet, Illinois, y una cumbre europea en Ypres, Bélgica.

La próxima edición esta por celebrarse del 26 al 29 de Junio 2025 en Montreal, Quebec.

La Unión contra la Guerra Micro nacional, frecuentemente referida como la UAMW, fue fundada el 10 de julio de 2009 por "Niels de Flandrensis" como resultado de muchas guerras micro nacionales en Micro Wiki y la comunidad micro nacional. El objetivo de la UAMW es la neutralidad en cualquier conflicto micro nacional. El 16 de enero de 2011, Niels de Flandrensis pidió a todos los estados miembros que firmaran el Tratado de Paz Universal, que condena el recurso a la guerra como instrumento de política nacional. La UAMW ha sido ampliamente elogiada por su promoción de la paz, siendo nominada dos veces para el Premio Schneider en esa categoría.

Estructura:

La UAMW no tiene una organización o liderazgo centralizado. En su lugar, es una unión simbólica, donde cada miembro asume la responsabilidad de sus propias políticas y acciones. La mayor influencia sobre la unión la tiene su fundador, pero el Gran Duque Niels ha dejado claro que cualquier miembro puede promover la paz en nombre de la organización. Esta unión reinará en paz unida sobre las tierras.

Opiniones sobre la guerra micro nacional:

La UAMW define la guerra micro nacional como un conflicto hostil entre dos entidades micro nacionales. Tal conflicto se ve a veces más precisamente como un conflicto entre líderes micro nacionales individuales. Tales conflictos son condenados, especialmente cuando las acciones de los beligerantes son destructivas, poco éticas o ilegales.

La Unión contra la Guerra Micro nacional mantiene la posición oficial de que la defensa más fácil contra la guerra micro nacional es ignorar a una parte hostil. Esto se alienta especialmente cuando el instigador está lejos de la nación que está amenazada. Para cualquier acto ilegal que sea cometido por una parte beligerante, la unión recomienda que se contacte a las autoridades macro nacionales.

Actualmente hay 146 miembros, el único requisito para los miembros de la UAMW es prometer no declarar guerra contra otra micronación. Las micronaciones son libres de agregar su nación a la lista sin ninguna obligación. Los miembros que declaren guerra a otra micronación serán eliminados de la lista. Algunos de ellos son los siguientes:

* Abelden
* Aenderia
* Aenopia
* Kingdom of Ajdinland
* Alorya
* Second American Empire
* Arcadia
* Ardenturia
* Armisenia, Marimba and Glicerio
* Arvesia
* Aswington
* Atiera
* Atlia
* Atovia
* Austenasia
* Australis
* Austrovia
* Aysellant
* Baillium
* Bagradonia
* Bartonia
* Bradonia
* Cascadia
* Charlynesia
* Columbia
* Corollia

* Falcar
* Felsbruck
* Flandrensis
* Friuli
* Florian Republic
* Forestia
* Gastón
* Georgienstine
* Gerenia
* Scheinhafen
* Hak'hanna
* Kingdom of Ferelend
* Harleck
* Commonwealth of Hong Kong
* Hugoland
* Ikonia
* lKwaZulu-Natali
* Imruland
* Iustus
* Jadoraria
* Jockromasa
* Journal World
* Jutar
* Keithieopia[1]
* Latitudia
* Libertas
* Legatia

24 Cumbre Inter Pacífica de Micronaciones

La Cumbre Inter-Pacífica de Micronaciones (IPSM) es una cumbre micro nacional anual y la primera cumbre de naturaleza internacional entre micro nacionalistas asiáticos y oceanianos. Concebida en octubre de 2023, IPSM fue creada tras una reunión entre Pio Lowe y Justin Tsai en Taipéi, Taiwán, como un espacio para promover el desarrollo de las relaciones Inter pacíficas y para dar visibilidad a las micronaciones asiáticas y oceanianas ante aquellas en Europa y Estados Unidos.

La primera cumbre se llevó a cabo en Taiwán con una segunda reunión más pequeña en Hong Kong bajo el auspicio de IPSM. IPSM brinda la oportunidad a micro nacionalistas de diferentes comunidades de interactuar entre sí en un entorno físico, lo que cumple un doble papel al afirmar el interés activo de las micronaciones asistentes en el desarrollo de relaciones debido a la mayor importancia del contacto físico en comparación con la correspondencia digital.

La segunda Cumbre Inter-Pacífica de Micronaciones está programada para llevarse a cabo el 27 de julio de 2024 en Sídney, Australia. Será organizada por la República de New Rubix y será la primera cumbre micro nacional que tenga lugar en Australia desde PoliNation 2010. Se ha creado un grupo oficial en Facebook para coordinar la organización y publicar anuncios e información relacionada con la cumbre. El famoso micropatriólogo Harry Hobbs, autor de "Micronaciones y la búsqueda de la soberanía", tiene previsto dar una presentación sobre sellos postales micro nacionales.

LOGOTIPO DE LA CUMBRE IPSM DE TAIPEI 2023.

25 FEDERACIÓN OLÍMPICA MICRO NACIONAL

La Federación Olímpica Micro nacional (FOM) es una organización intermicronacional dedicada a crear, organizar y programar eventos deportivos y de deportes electrónicos micro nacionales, así como los Juegos Olímpicos Micro nacionales. Actualmente, la FOM organiza los Juegos Olímpicos Micro nacionales cada dos años y los micro nacionales Juegos Olímpicos eGames 2020 anualmente.

Posaf fundó la Federación Olímpica Micro nacional el 7 de enero de 2018 después de notar la inactividad del Comité Olímpico Micro nacional fundado por Molossia en 2000. El objetivo de la FOM (desde su fundación) ha sido promover la paz y la unidad en la comunidad micro nacional a través de juegos competitivos para celebrar, así como una celebración general para la comunidad micro nacional a través de los juegos.

LOGOTIPO

Hasta el 10 de abril de 2024, la FOM cuenta con 37 miembros activos.

- Aenderia
- Aenopia
- Arlandica
- Aswington
- Atovia
- Austrovia
- Blazdonia
- Bukistan
- Calmunia
- Corwin
- Curnon
- Firburg
- Gymnasium State
- Jacktopia
- Klitzibürg
- Krlesia
- Kingdom of Smlosa
- Landopia
- Ladonia
- Mayursia
- Melite
- Millania
- Northway
- Onopolissia
- Paloma
- Pibocip
- Plushunia
- Ponderosa Hills
- Posaf
- Raphania
- Richensland
- Saint-Castin
- Sancratosia
- Saspearian
- Slitronia
- Snagov
- Subejia
- Trasona
- Vishwamitra
- Wegmat
- Wyvern

Micro wiki es la enciclopedia en línea más grande sobre micronaciones, naciones pequeñas y a menudo bastante excéntricas que no son reconocidas por la comunidad internacional en general.

La wiki está siendo continuamente actualizada por 84,420 editores, con el contenido siendo moderado por un pequeño grupo de personal. Desde su creación el 27 de mayo de 2005, el sitio ha crecido para convertirse en el sitio web relacionado con micronaciones más grande de Internet, con un total de 239,633 páginas y 39,928 artículos, de los cuales 133 han alcanzado el estatus de buen artículo.

MicroWiki utiliza la licencia Creative Commons Attribution ShareAlike para su contenido. Los artículos pueden cubrir a una persona individual, micronación, departamentos de gobierno u otros temas relacionados con micronaciones. El sitio tiene foros de mensajes sobre discusiones relacionadas con micronaciones en la aplicación de mensajería Discord.

En el libro de "Cambridge University Press Micronations and the Search for Sovereignty", MicroWiki se menciona varias veces como una comunidad en línea para micronaciones en línea.

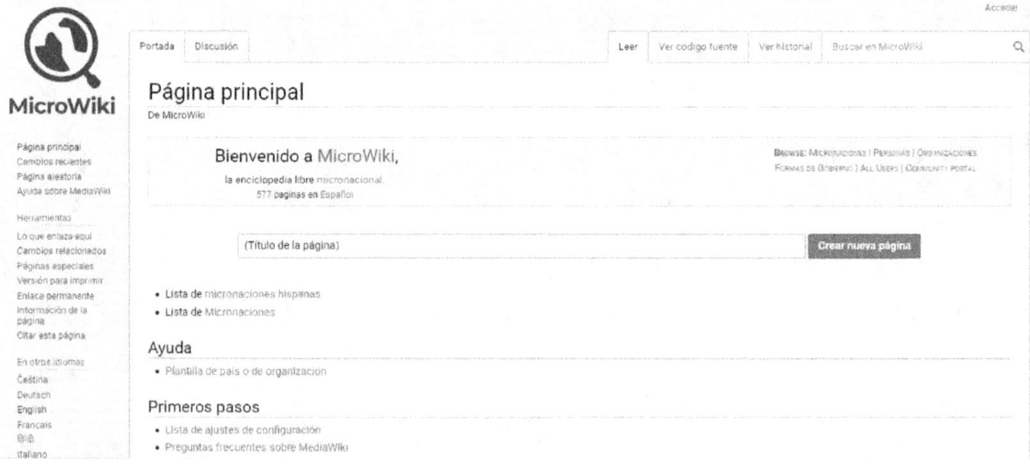

ES.MICRONATIONS.WIKI

27 El caso de la nación de Hawái (Micronación): Fundamento Histórico y actividad en la actualidad

Para comprender a la micronación "Nación de Hawái", primeramente, debemos conocer el fundamento histórico.

De 1894 hasta 1898, fue el periodo de la Republica de Hawái, cuando estaba constituida oficial y formalmente como una república. Ocurrió entre la administración del Gobierno provisional de Hawái que se terminó el 4 de julio de 1894 y la adopción de la Resolución Newlands que marca el final del país cuando la República considera conveniente su anexión a los Estados Unidos como "Territorio de Hawái" el 7 de julio de 1898.

BANDERA "REPUBLICA DE HAWAI" (1894-1898)

En 1893 más de 1 000 hombres locales armados llevaron a cabo un golpe de Estado contra el monarca dirigido por ricos plantadores de azúcar y empresarios. No hubo derramamiento de sangre ya que la fuerza armada real no resistió. El Comité de Seguridad formó un Gobierno Provisional temporal de Hawái. Los líderes del golpe tenían fuertes lazos económicos con los Estados Unidos y querían unirse a ese país, para que Japón no tomara el control del territorio.

BANDERA "NACION DE HAWAI"
www.nationofhawaii.org

El 16 de enero de 1994 se leyó la proclamación de la nación de Hawai'i sobre la restauración de la independencia, en las escaleras del Palacio Iolani. El preámbulo declara la herencia, los sacrificios y la firmeza de los nacionales y descendientes kanaka maoli. Reconoce la herencia divina y el credo nacional otorgado por ke Akua y el legado de los antepasados que practicaron la soberanía en un gobierno basado en Aloha 'Aina.

Fundamento Legal de la Micronación:

La Ley Pública 103-150, conocida informalmente como **Resolución de Disculpa**, es una **Resolución Conjunta del Congreso de los Estados Unidos** adoptada en **1993** que **"reconoce que el derrocamiento del Reino de Hawái ocurrió con la participación activa de agentes y ciudadanos de los Estados Unidos y más reconoce que el pueblo nativo hawaiano nunca renunció directamente a los Estados Unidos sus reclamos de soberanía inherente como pueblo sobre sus tierras nacionales, ya sea a través del Reino de Hawái o mediante un plebiscito o referéndum"** (U.S. Public Law 103-150 (107 Stat 1510). La resolución ha sido **citada como impulso** para el movimiento por la soberanía hawaiana y ha sido objeto de debate.

La resolución fue adoptada por ambas cámaras del Congreso de los Estados Unidos el **23 de noviembre de 1993**. Es una resolución conjunta y fue firmada por el presidente de los Estados Unidos, Bill Clinton, el mismo día.

La resolución fue aprobada en el Senado por **65 votos a favor** y **34 en contra**. En la Cámara, fue aprobado por dos tercios de los votos. Fue patrocinado **el 21 de enero de 1993** como S.J. Res.19 por Daniel Akaka y copatrocinado por Daniel Inouye, ambos senadores demócratas de Hawái.

Forma de Vida:

Además de ser una organización, los miembros de la Nación de Hawái residen en los terrenos que les fueron concedidos por el estado.

Hacen varios intentos por permanecer separados de la comunidad más grande de Hawai'i. Muchos describirían su estilo de vida como "fuera de la red". Su acceso a la energía y al agua es limitado considerando que no subcontratan a empresas reguladas por el estado.

Las micronaciones, aunque no reconocidas oficialmente como países soberanos por la mayoría de los gobiernos y organizaciones internacionales, han encontrado formas creativas de proyectar su identidad. Una de estas formas es la emisión de pasaportes.

Identidad y Orgullo Nacional:

Para los ciudadanos de una micronación, poseer un pasaporte es un símbolo tangible de su identidad y pertenencia a su comunidad. Estos documentos pueden fortalecer el sentido de pertenencia y orgullo, especialmente en micronaciones con una base ideológica, cultural o histórica fuerte.

Herramienta Diplomática y de Promoción:

Los pasaportes de micronaciones a menudo se utilizan como herramientas diplomáticas. Aunque no tengan validez legal en términos de cruce de fronteras, pueden servir como instrumentos de relaciones públicas y promoción. Micronaciones como Sealand ha utilizado sus pasaportes para generar atención mediática y reconocimiento informal. En el caso de Liberland, ha dado frutos para que obtengan un reconocimiento limitado.

Recaudación de Fondos:

La venta de pasaportes puede ser una fuente de ingresos para las micronaciones. Estos fondos se utilizan generalmente para financiar proyectos y actividades de la micronación, desde eventos culturales hasta el mantenimiento de infraestructuras. Para los coleccionistas y entusiastas de las micronaciones, poseer un pasaporte puede ser una inversión atractiva y una pieza de colección única.

29 MICRONACIONES EN LÍNEA

En la vasta extensión del ciberespacio, más allá de las fronteras físicas de los países convencionales, existe un fenómeno conocido como las micronaciones en línea. Estas pequeñas entidades soberanas, que se proclaman naciones independientes, habitan en el ámbito digital, donde su territorio se define por su presencia en la web y la participación de sus ciudadanos en foros, redes sociales y plataformas dedicadas.

A diferencia de las micronaciones físicas, que pueden tener territorios tangibles, las micronaciones en línea existen casi exclusivamente en el ámbito digital. Sus características incluyen:

Presencia Digital: La existencia de un sitio web oficial, foros de discusión, grupos en redes sociales y otros espacios virtuales donde sus ciudadanos pueden interactuar.

Gobierno y Estructura: Muchas micronaciones en línea tienen una constitución, un sistema de gobierno y una jerarquía administrativa, aunque estos pueden variar desde monarquías hasta democracias participativas.

Ciudadanía: La membresía o ciudadanía a menudo se obtiene a través de la inscripción en el sitio web o la participación en foros y actividades de la micronación.

Cultura y Simbolismo: Desarrollan sus propias banderas, himnos, tradiciones y sistemas legales que reflejan la identidad y los valores de la comunidad.

HISTORIA:

El concepto de micronaciones en línea comenzó a ganar tracción con la expansión del acceso a internet en la década de 1990. La facilidad de comunicación y la capacidad de crear comunidades en línea permitieron que individuos con intereses compartidos pudieran formar "naciones" sin necesidad de un territorio físico. A medida que la tecnología avanzaba, estas micronaciones se volvieron más sofisticadas, utilizando plataformas multimedia y redes sociales para crear entornos más inmersivos y atractivos para sus ciudadanos.

THE GRAND DUCHY OF FLANDRENSIS:
Flandrensis, una micronación ambientalista fundada en 2008 por Niels Vermeersch, no reclama ningún territorio físico sino territorios en la Antártida. Se centra en la concienciación sobre el cambio climático y la protección del medio ambiente, utilizando su presencia en línea para difundir su mensaje y atraer a ciudadanos interesados en la causa.

THE AERICAN EMPIRE;
Fundado en 1987, el Imperio Aericano es una de las micronaciones más longevas y excéntricas en línea. Con un sitio web colorido y detallado, Aerica (como se le conoce coloquialmente) se presenta como una nación con territorios ficticios tanto en la Tierra como en otros planetas. La comunidad de Aerica es activa y participa en una variedad de actividades, desde juegos de rol hasta discusiones políticas.

IMPACTO Y RELEVANCIA:
Las micronaciones en línea, aunque a menudo vistas como curiosidades o proyectos de hobby, tienen un impacto significativo en varios aspectos:

Cultura Digital: Contribuyen a la diversidad cultural del internet, ofreciendo espacios donde la creatividad y la autoexpresión pueden florecer sin las restricciones de la geopolítica convencional.

Comunidades y Conexión: Proporcionan un sentido de comunidad y pertenencia a personas que pueden sentirse desconectadas de sus países de origen, permitiendo la formación de vínculos a través de intereses comunes.

Experimentación Política y Social: Sirven como laboratorios para experimentar con sistemas de gobierno, leyes y estructuras sociales alternativas, ofreciendo lecciones valiosas sobre la organización y la participación comunitaria.

Concienciación y Activismo: Algunas micronaciones utilizan su plataforma para promover causas importantes, como la sostenibilidad ambiental o los derechos humanos, movilizando a sus ciudadanos para acciones colectivas.

HIMNOS: MELODÍAS DE IDENTIDAD

Los himnos nacionales de las micronaciones varían ampliamente en su estilo y contenido, reflejando las motivaciones y la creatividad de sus fundadores. Algunos himnos son composiciones musicales complejas, mientras que otros pueden ser simples canciones con letras cargadas de significado.

EJEMPLOS DESTACADOS:

1. Principado de Sealand:

El Principado de Sealand, una de las micronaciones más conocidas, tiene un himno instrumental compuesto por Basil Simonenko. Este himno, al igual que la micronación misma, transmite un aire de dignidad y resistencia, elementos clave en la narrativa de Sealand como una entidad independiente.

2. Reino de Talossa:

El Reino de Talossa, fundado en 1979, es conocido por su rica cultura y lengua propia. Su himno, "Stand Tall, Talossans!", es un llamado al orgullo y a la unidad entre sus ciudadanos. Con una melodía sencilla pero conmovedora, el himno resalta la importancia de la identidad cultural y la comunidad.

3. República de Molossia:

La República de Molossia, ubicada en Nevada, EE.UU., tiene un himno llamado "Fair Molossia is Our Home". Es una canción que celebra la belleza y el espíritu de la micronación. La letra y la música, compuestas por el presidente Kevin Baugh, reflejan un sentido de pertenencia y amor por el territorio.

BANDERAS: SÍMBOLOS VISUALES DE SOBERANÍA

Las banderas de las micronaciones son tanto un símbolo de soberanía como de identidad. Diseñadas con gran cuidado, estas banderas a menudo incorporan colores y emblemas que tienen significados profundos para sus ciudadanos.

EJEMPLOS DESTACADOS:

1. Sealand:

La bandera de Sealand es un tricolor horizontal de negro, rojo y blanco. El negro simboliza la constancia y la seriedad, el rojo representa la valentía y la lucha, y el blanco es un símbolo de la pureza y la legitimidad de su causa.

2. Talossa:

La bandera de Talossa es un diseño complejo que incorpora la heráldica y los colores tradicionales. Consiste en un campo verde (símbolo de la tierra y la vida) con un león rampante dorado que representa el coraje y la nobleza. Este león es una referencia a la herencia monárquica y a la identidad nacional.

3. Molossia:

La bandera de Molossia es azul celeste con una estrella amarilla en el centro. El azul simboliza el cielo y el futuro brillante, mientras que la estrella representa la esperanza y la guía. Este diseño sencillo pero eficaz refleja la visión de una nación optimista y orientada hacia el futuro.

31 INFLUENCIAS EXTRANJERAS EN LAS MICRONACIONES

Las micronaciones han sido impactadas significativamente por influencias extranjeras a lo largo de su existencia. Estas influencias se manifiestan en aspectos como la cultura, la economía, la política y la tecnología.

CULTURAL:

La cultura es uno de los aspectos más permeables de las micronaciones a las influencias extranjeras. Muchas micronaciones, en su intento por establecer una identidad propia, adoptan y adaptan elementos culturales de otras naciones. Por ejemplo, la micronación de Sealand, situada en una plataforma marina cerca del Reino Unido, ha  adoptado una gran parte de la cultura británica en su forma de vida cotidiana, incluyendo el idioma, las tradiciones y las costumbres.

En otros casos, las micronaciones se crean precisamente para preservar una cultura que sienten amenazada. Tal es el caso de la República de Molossia, fundada en los Estados Unidos, que mezcla elementos de la cultura americana con tradiciones propias, pero que a su vez se enriquece con influencias internacionales a través de la globalización y el intercambio cultural en internet.

ECONÓMICA:

Las influencias económicas extranjeras en las micronaciones son igualmente significativas. Muchas micronaciones, debido a su pequeño tamaño y falta de reconocimiento oficial, dependen en gran medida de recursos externos. Algunas, como la Principado de Hutt River en Australia (disuelto en 2020), generaron ingresos a través del turismo y la venta de títulos nobiliarios y monedas conmemorativas a coleccionistas de todo el mundo.

Otras micronaciones han aprovechado el comercio digital para sostenerse económicamente. Tal es el caso de Ladonia, una micronación en Suecia, que vende ciudadanía digital y productos de merchandising a través de su sitio web, capitalizando el interés internacional en fenómenos culturales excéntricos y alternativos.

POLÍTICA:

Políticamente, las micronaciones suelen basar sus sistemas de gobierno en modelos existentes, adaptándolos a sus necesidades específicas. Muchas micronaciones adoptan estructuras inspiradas en monarquías europeas, repúblicas democráticas o incluso modelos utópicos que han estudiado a través de fuentes extranjeras.

El Principado de Sealand, por ejemplo, tiene una estructura monárquica con títulos nobiliarios, muy influenciada por la tradición británica. Por otro lado, el Reino Gay y Lésbico de las Islas del Mar del Coral, fundado en 2004 como una protesta contra las políticas del gobierno australiano sobre los derechos LGBTQ+, adoptó una postura política activista que resonó a nivel internacional, influyendo y siendo influenciada por movimientos de derechos civiles globales.

TECNOLOGÍA:

La tecnología ha permitido que las micronaciones conecten con el mundo exterior de manera sin precedentes. Internet y las redes sociales han sido herramientas cruciales para la promoción y la comunicación de estas entidades. Muchas micronaciones mantienen sitios web oficiales, cuentas de redes sociales y foros donde interactúan con simpatizantes y ciudadanos virtuales de todo el mundo.

La República de Molossia, por ejemplo, mantiene una presencia activa en línea, utilizando su sitio web para difundir información sobre su historia, sus leyes y sus eventos. Además, plataformas como YouTube han permitido a micronaciones como Freetown Christiania en Dinamarca compartir documentales y material promocional, aumentando su visibilidad y atrayendo a turistas y curiosos de todo el mundo.

32 CELEBRACIONES Y FESTIVALES DE LAS MICRONACIONES

Las micronaciones, han desarrollado vibrantes culturas propias, llenas de celebraciones y festivales únicos. Estas festividades no solo celebran su identidad nacional, sino que también refuerzan el sentido de comunidad entre sus ciudadanos y simpatizantes. A continuación, exploraremos algunos ejemplos notables de celebraciones y festivales en micronaciones como Sealand, Liberland y Hutt River.

Sealand: La Fortaleza Festiva

Día de la Independencia de Sealand (2 de septiembre): Esta es la celebración más importante en el calendario de Sealand. Conmemora el día en 1967 cuando Paddy Roy Bates proclamó la independencia de la plataforma, convirtiéndola en el Principado de Sealand. Los habitantes y seguidores de Sealand celebran con una serie de actividades que incluyen discursos del Príncipe actual, Michael Bates, música, y en ocasiones, demostraciones de los deportes acuáticos que rodean la plataforma.

Festival de Verano de Sealand: Durante el verano, cuando el clima es más benigno en el Mar del Norte, Sealand organiza un pequeño festival que incluye eventos deportivos, barbacoas y música en vivo. Este festival atrae no solo a los residentes, sino también a entusiastas y curiosos que pueden participar en tours limitados de la plataforma.

Liberland: Celebraciones Libertarias

Día de la Fundación de Liberland (13 de abril): Las actividades incluyen discursos de los líderes de la micronación, conferencias sobre libertad y gobernanza limitada, y conciertos. Los simpatizantes de Liberland de todo el mundo se reúnen para participar en esta celebración, que también sirve como una plataforma para discutir el futuro de la micronación.

Principado de Hutt River: Antes de ser reintegrado a Australia en 2020, el Principado de Hutt River celebraba su Día de la Independencia el 21 de abril. Este día conmemoraba su secesión en 1970 y era celebrado con desfiles, ceremonias y eventos comunitarios.

Estrategias de Comunicación:

Medios Tradicionales:

Las micronaciones a menudo utilizan los medios de comunicación tradicionales para ganar visibilidad. Reportajes en periódicos, revistas, y programas de televisión pueden proporcionar una plataforma valiosa. Por ejemplo, la famosa micronación de Sealand y Liberland ha aparecido en numerosos documentales y artículos periodísticos que exploran su singular historia y estatus.

Redes Sociales y Presencia Digital:

En la era digital, las redes sociales juegan un papel crucial. Plataformas como Twitter, Facebook, Instagram y YouTube permiten a las micronaciones conectarse directamente con una audiencia global. A través de estas plataformas, pueden compartir noticias, eventos, y actualizaciones de una manera inmediata y accesible.

Las redes sociales también permiten una interacción bidireccional, donde las micronaciones pueden recibir retroalimentación y participar en conversaciones con seguidores y críticos. Esto es esencial para mantener una comunidad activa y comprometida.

Sitios Web Oficiales:

La mayoría de las micronaciones mantienen sitios web oficiales que actúan como portales de información y puntos de contacto. Estos sitios suelen incluir secciones sobre la historia y la cultura de la micronación, noticias y eventos, e información sobre cómo convertirse en ciudadano o apoyar la causa.

Eventos y Ceremonias:

Organizar eventos públicos, ceremonias y celebraciones nacionales es otra estrategia efectiva. Estos eventos no solo consolidan la identidad nacional interna, sino que también atraen la atención de los medios y de la audiencia internacional. Celebraciones como el Día de la Independencia o actos diplomáticos pueden ser cubiertos por la prensa, proporcionando una oportunidad de visibilidad y legitimación.

Gestión de Crisis y Relaciones Públicas:

Como cualquier entidad, las micronaciones también deben estar preparadas para gestionar crisis y mantener relaciones públicas efectivas. La manera en que responden a controversias o desafíos puede impactar significativamente su imagen. Estrategias de transparencia, comunicación rápida y efectiva, y la capacidad de manejar situaciones adversas con humor e ingenio, son cruciales.

Un buen ejemplo es la forma en que la micronación de Liberland ha manejado los conflictos territoriales con los países vecinos mediante una comunicación diplomática y destacando sus ideales de libertad y autonomía.

Colaboración y Alianzas:
Finalmente, las micronaciones a menudo buscan alianzas y colaboraciones con otras entidades, sean micronaciones o instituciones más grandes. Estas alianzas pueden fortalecer su posición y ofrecer plataformas adicionales para la comunicación y visibilidad.

34 ESPIONAJE ENTRE MICRONACIONES

Las micronaciones desarrollan sistemas de inteligencia para proteger sus intereses y expandir su influencia, aunque su tamaño y recursos sean limitados.

El Contexto del Espionaje Micronacional:
El espionaje entre micronaciones no es simplemente una cuestión de seguridad; es una herramienta vital para la supervivencia y el crecimiento. Estas naciones en miniatura, que van desde principados virtuales hasta comunidades utópicas experimentales, a menudo compiten por reconocimiento, territorio, y recursos limitados. La información, por tanto, se convierte en un recurso tan valioso como cualquier otro, y el espionaje se presenta como una práctica casi inevitable.

Métodos y Tecnologías Utilizadas
Las tácticas de espionaje en este ámbito varían ampliamente, adaptándose a los recursos disponibles y a la creatividad de los espías involucrados. A diferencia de las grandes agencias de inteligencia con acceso a tecnología avanzada y presupuestos multimillonarios, las micronaciones deben depender de métodos más modestos, pero igualmente ingeniosos.

1. Espionaje Digital:
En la era de la información, el espionaje digital es quizás el método más comúnmente utilizado. Hackers aficionados pero talentosos se infiltran en foros, correos electrónicos y sitios web de micronaciones rivales. El objetivo puede ser cualquier cosa, desde robar información sobre planes y estrategias hasta desestabilizar la infraestructura digital del enemigo.

2. Infiltración Social:

La infiltración social implica la inserción de agentes dentro de las comunidades rivales. Estos agentes se hacen pasar por ciudadanos leales o simpatizantes para recopilar información crucial. Dada la naturaleza pequeña y a menudo íntima de las micronaciones, este método puede ser especialmente efectivo. Los agentes pueden asistir a reuniones, eventos y ceremonias oficiales, ganándose la confianza de los líderes y miembros clave, para luego transmitir información valiosa a sus verdaderos patrocinadores.

3. Vigilancia Física:

Aunque menos común debido a las limitaciones de recursos, algunas micronaciones emplean la vigilancia física. Esto puede incluir el monitoreo de instalaciones críticas, la observación de movimientos de líderes y ciudadanos clave, y la recolección de inteligencia a través de la fotografía o la grabación de actividades. Esta práctica se observa principalmente en micronaciones con territorios físicos bien definidos.

Casos Notables de Espionaje Micronacional:

El Incidente de Sealand y Ladonia:

Uno de los casos más notorios de espionaje entre micronaciones involucró a la Principado de Sealand, una antigua plataforma marina en el Mar del Norte, y la micronación escandinava de Ladonia. A mediados de la década de 2000, agentes de Sealand lograron infiltrarse en los sistemas de comunicación de Ladonia, obteniendo información sobre sus negociaciones con posibles aliados. La respuesta de Ladonia fue una campaña de contrainteligencia que expuso a los espías y llevó a una serie de negociaciones diplomáticas tensas, pero finalmente resolutivas.

La Guerra Fría Micronacional entre Hutt River y Westarctica:

Otro ejemplo significativo es la rivalidad entre el Principado de Hutt River, una antigua micronación en Australia Occidental, y el Gran Ducado de Westarctica, que reclama una porción de la Antártida. Durante años, estas dos entidades llevaron a cabo operaciones de espionaje y contraespionaje, intentando adelantarse a los movimientos diplomáticos y económicos del otro. La información obtenida permitió a ambas partes influir en sus respectivos apoyos internacionales, aunque a pequeña escala.

35 Sostenibilidad y Medio Ambiente en las Micronaciones

Las micronaciones, han emergido como laboratorios de experimentación social y política. Entre las diversas áreas de innovación, la sostenibilidad y la protección del medio ambiente son campos donde muchas micronaciones han implementado prácticas y políticas innovadoras. Este capítulo explora cómo algunas de estas pequeñas entidades abordan la sostenibilidad, destacando sus esfuerzos en la conservación del medio ambiente, el uso de energías renovables y la promoción de una vida sostenible.

El Principado de Hutt River:

El Principado de Hutt River, aunque ya no está activo, durante su existencia demostró un compromiso significativo con la sostenibilidad. Este principado utilizó su aislamiento para desarrollar prácticas agrícolas sostenibles. Hutt River promovió la agricultura orgánica y la gestión sostenible del agua, implementando sistemas de riego eficientes y técnicas de cultivo que minimizaban el impacto ambiental. Además, se esforzó por preservar su entorno natural, protegiendo la flora y fauna locales a través de regulaciones estrictas sobre la caza y la pesca.

República Libre de Liberland:

Se ha propuesto convertirse en un modelo de sostenibilidad urbana. La micronación planea desarrollar una ciudad autosuficiente con edificios de energía cero, utilizando energías renovables como la solar y la eólica. Además, se enfoca en la gestión sostenible de residuos mediante la implementación de tecnologías avanzadas de reciclaje y compostaje. El plan de Liberland incluye espacios verdes integrados y sistemas de transporte ecológicos, como vehículos eléctricos y bicicletas compartidas.

Principado de Ladonia:

El Principado de Ladonia, una micronación ubicada en una reserva natural en el suroeste de Suecia, destaca por su enfoque en la conservación del medio ambiente y el arte. Fundada por el artista Lars Vilks en 1996, Ladonia está situada en un área de bosque costero que se mantiene intacto y protegido. La nación promueve el arte sostenible al permitir solo esculturas y estructuras hechas con materiales naturales y reciclados. Además, Ladonia enfatiza la importancia de la educación ambiental, organizando talleres y actividades que enseñan a sus ciudadanos y visitantes sobre la importancia de preservar la naturaleza.

Sogno di Mare:

Sogno di Mare, una micronación proyectada sobre una plataforma flotante en el mar Mediterráneo, aspira a ser un ejemplo de vida sostenible en el océano. Este proyecto visionario planea utilizar la energía undimotriz (generada por el movimiento de las olas) y la energía solar para satisfacer sus necesidades energéticas. Además, Sogno di Mare incorporará sistemas de acuaponía para producir alimentos de manera sostenible, combinando la acuicultura y la hidroponía en un sistema cerrado que recicla el agua y los nutrientes. La micronación también se compromete a la gestión responsable de los residuos, utilizando tecnologías avanzadas para minimizar su impacto ambiental en el ecosistema marino.

36 TURISMO Y RELACIONES EXTERIORES EN LAS MICRONACIONES

El turismo desempeña un papel importante en muchas micronaciones, ofreciendo una fuente de ingresos vital y proporcionando una plataforma para promover su identidad única y su cultura. Aunque algunas micronaciones son demasiado pequeñas para atraer a un gran número de visitantes, otras han logrado captar la atención internacional y han desarrollado industrias turísticas prósperas.

1. Isla de las Rosas:

La Isla de las Rosas, era uno de los destinos turísticos más conocidos entre las micronaciones. A pesar de su breve existencia, la Isla de las Rosas ha atraído la curiosidad de los viajeros que desean experimentar la sensación única de visitar una micronación artificial en el mar Adriático.

2. Liberland:

Liberland, ha generado un gran interés turístico desde su creación. A pesar de su ubicación en una zona de disputa fronteriza, miles de personas han solicitado la ciudadanía de Liberland y han visitado el territorio en busca de aventura y para apoyar la causa de la libertad y la autodeterminación.

Relaciones Exteriores de las Micronaciones:

Muchas micronaciones participan activamente en la escena internacional, estableciendo relaciones diplomáticas con otros estados, organizaciones internacionales y comunidades micronacionales. Estas relaciones exteriores pueden ser fundamentales para la supervivencia y el crecimiento de las micronaciones, permitiéndoles obtener apoyo político, económico y cultural de la comunidad internacional.

1. Reconocimiento Mutuo:

Algunas micronaciones buscan el reconocimiento mutuo con otras entidades similares, estableciendo relaciones diplomáticas y tratados de amistad. Este reconocimiento puede ser simbólico, pero proporciona un sentido de legitimidad y solidaridad entre las micronaciones.

2. Participación en Organizaciones Micronacionales:

Muchas micronaciones son miembros de organizaciones micronacionales como la Organización de Naciones y Pueblos No Representados (ONPR) y la Unión de Micronaciones de Habla Hispana (UMHH), que promueven la cooperación y el intercambio cultural entre sus miembros. Estas organizaciones proporcionan una plataforma para que las micronaciones interactúen, colaboren en proyectos comunes y defiendan sus intereses colectivos en la escena internacional.

3. Cooperación Económica y Comercial:

Algunas micronaciones buscan establecer relaciones económicas y comerciales con otros estados y entidades internacionales, facilitando el intercambio de bienes, servicios y recursos. Estas relaciones pueden incluir acuerdos de libre comercio, colaboraciones empresariales y proyectos de inversión conjunta, que pueden beneficiar a ambas partes y fomentar el desarrollo económico de las micronaciones.

4. Promoción Turística y Cultural:

Las micronaciones a menudo utilizan sus relaciones exteriores para promover el turismo y la cultura, colaborando con otros estados y organizaciones para organizar eventos, festivales y actividades que destaquen sus atracciones únicas y su patrimonio cultural. Esta promoción puede ayudar a atraer visitantes e inversión extranjera, contribuyendo al crecimiento y la prosperidad de las micronaciones.

El cine ha sido un medio poderoso para explorar conceptos y realidades alternativas, incluyendo la idea de micronaciones. A lo largo de la historia del cine, diversas películas han abordado este tema de formas creativas y cautivadoras, ofreciendo al público una visión intrigante de lo que podría significar la creación y existencia de micronaciones. Desde comedias hasta dramas políticos, el cine ha proporcionado una plataforma para imaginar y reflexionar sobre este fenómeno único.

Micronaciones como Escapismo: Ejemplos de Películas Fantásticas

Algunas películas han utilizado micronaciones como un elemento de escapismo, transportando a los espectadores a mundos imaginarios llenos de aventuras y misterios. Ejemplos notables incluyen:

1. **"El Gran Hotel Budapest" (2014):** Dirigida por Wes Anderson, esta película presenta el ficticio estado alpino de Zubrowka. Aunque Zubrowka no se identifica específicamente como una micronación, comparte características similares, como un gobierno autónomo y una cultura distintiva.

2. **"La Princesa Prometida" (1987):** Esta película de culto dirigida por Rob Reiner presenta el pequeño país de Florin. Aunque Florin es una monarquía reconocida, su tamaño y escala podrían considerarse similares a los de una micronación.

Micronaciones como Sátira Política y Social:

Otras películas han utilizado micronaciones como vehículos para explorar temas políticos y sociales de una manera satírica o crítica. Estos filmes a menudo ofrecen comentarios perspicaces sobre el poder, la autoridad y la identidad nacional. Algunos ejemplos son:

1. **"El Dictador" (2012):** Sacha Baron Cohen interpreta a un dictador ficticio de un país del Medio Oriente llamado Wadiya. Aunque Wadiya es presentado como un país reconocido internacionalmente, su gobierno autocrático y su líder excéntrico ofrecen una visión satírica de las figuras de poder.

2. **"Dogville" (2003):** Dirigida por Lars von Trier, esta película utiliza un enfoque minimalista para representar una pequeña comunidad en Estados Unidos. Aunque no se identifica explícitamente como una micronación, la naturaleza cerrada y aislada de la comunidad refleja las dinámicas de poder y control que a menudo se asocian con las micronaciones.

1. The Kingdom of Ruritania - "The Prisoner" (1967):

En la serie de culto británica "The Prisoner", protagonizada por Patrick McGoohan, el misterioso pueblo conocido como "The Village" alberga una variedad de residentes, incluida una micronación llamada el Reino de Ruritania. Ruritania, una referencia a la novela "El Prisionero de Zenda", es presentada como una pequeña pero orgullosa nación con su propio líder y sistema político. Aunque solo se muestra brevemente, la presencia de Ruritania añade una capa adicional de intriga a la enigmática comunidad de "The Village".

2. The Independent Republic of Užupis - "Travel Man" (2016):

En un episodio de la serie de viajes "Travel Man", el presentador Richard Ayoade visita la República Independiente de Užupis en Vilna, Lituania. Užupis es una micronación autoproclamada conocida por su ambiente bohemio y su constitución poco convencional, que incluye derechos como "el derecho a ser feliz" y "el derecho a ser infeliz". Ayoade explora esta peculiar micronación, entrevistando a sus habitantes y sumergiéndose en su cultura única.

3. The Republic of Molossia - "Last Week Tonight with John Oliver" (2017):

En un segmento de su programa "Last Week Tonight", el comediante John Oliver destaca la micronación de la República de Molossia, ubicada en Nevada, Estados Unidos. Oliver entrevista al presidente de Molossia, Kevin Baugh, y explora la historia y las extravagancias de esta pequeña nación autoproclamada. El segmento destaca la peculiaridad y el humor que a menudo rodea a las micronaciones, mientras que también reflexiona sobre temas más amplios de identidad nacional y soberanía.

4. The People's Republic of Zamunda - "Coming to America" (1988):

Aunque no es una micronación en el sentido estricto, la ficticia República Popular de Zamunda en la película "Coming to America" presenta elementos de una nación independiente con una rica cultura y tradiciones propias. Zamunda, gobernada por el rey Jaffe Joffer, ofrece un vistazo a una sociedad africana imaginaria que desafía las expectativas y estereotipos occidentales. La película utiliza el escenario de Zamunda para explorar temas de identidad, amor y responsabilidad.

IGOR ASHURBEYLI nació el 9 de septiembre de 1963 en Bakú, República Socialista Soviética de Azerbaiyán, descendiente de la familia noble azerbaiyana de Ashurbeyov. Se graduó en la Academia Estatal del Petróleo de Azerbaiyán en 1985.

En 1988, bajo las entonces nuevas políticas económicas de la Unión Soviética, fundó Socium, una pequeña empresa de software, de la que fue su primer director general. Más tarde se convirtió en Socium Holding, un holding con más de 10.000 empleados en más de 30 empresas, donde Ashurbeyli se desempeña como presidente de la junta directiva.

En 1990, Ashurbeyli se mudó a Moscú. A partir de 1994, ocupó los cargos de director general adjunto, primer director general adjunto y presidente de la junta directiva de SPA Almaz (posteriormente rebautizada como GSKB Almaz-Antey), convirtiéndose más tarde en su director ejecutivo (CEO) de 2000 a 2011. Ashurbeyli renunció a SPA Almaz en 2011. Desde 2011, fue presidente de la junta y supervisor científico de KB-1 (Design Bureau-1), una empresa privada.

Recibió el Premio del Gobierno de la Federación de Rusia en Ciencia y Tecnología de 2009. El 5 de febrero de 2016, Ashurbeyli recibió la Medalla de la UNESCO por sus contribuciones al desarrollo de la nanociencia y las nanotecnologías durante una ceremonia celebrada en la sede de la UNESCO, París, Francia.

Igor Ashurbeyli fundó el Centro Internacional de Investigación Aeroespacial en Viena, Austria, en 2013. En 2014, el centro comenzó la publicación de una revista espacial internacional, ROOM, de la cual Ashurbeyli es el editor en jefe. En julio de 2018, el Centro de Investigación Internacional Aeroespacial pasó a llamarse Centro de Investigación Independiente Asgardia.

El 12 de octubre de 2016, Igor Ashurbeyli anunció en una conferencia de prensa en París, Francia, "el nacimiento de la nueva nación espacial Asgardia". El proyecto se llama oficialmente "Reino espacial de Asgardia". [14] El objetivo final del proyecto es crear una nueva nación que permita el acceso al espacio exterior libre del control de las naciones existentes. El 25 de junio de 2018, en Viena, Austria, en el Palacio de Hofburg, Igor Ashurbeyli fue investido como Jefe de la Nación de Asgardia.

Asgardia tiene la intención de lanzar una serie de satélites a la órbita terrestre. En el futuro, el equipo de Asgardia espera crear plataformas habitables en órbitas terrestres bajas, que es también donde se encuentra la Estación Espacial Internacional. "No es una fantasía. Ir a Marte, a las galaxias, etc., es simplemente falso. Pretendo algo más real", dijo Igor Ashurbeyli a CNN en junio de 2017.

La nave espacial Cygnus que llevó Asgardia-1 al espacio liberó Asgardia-1 y otros dos satélites el 12 de noviembre de 2017. El Reino Espacial de Asgardia ha afirmado que ahora es "la primera nación que tiene todo su territorio en el espacio". Los juristas dudan de que Asgardia-1 pueda considerarse un territorio soberano.

VÍT JEDLIČKA es un político, publicista y activista checo y liberlandés reconocido por ser el presidente del Partido de Ciudadanos Libres en la Región de Hradec Králové, República Checa, y es el fundador y presidente de una asociación voluntaria checa, Reformy.cz. El 13 de abril de 2015, fundó la autoproclamada micronación libertaria República Libre de Liberland y se convirtió en su primer presidente.

Nació en Hradec Králové, Checoslovaquia (actual República Checa), el 6 de septiembre de 1983. El padre de Jedlička fue destituido de su trabajo de oficina en el Instituto de Pesos y Medidas de Praga después de perder el favor de las autoridades por resistirse a la membresía del Partido Comunista y fue enviado a trabajar como mecánico. Durante la crisis financiera checa de 1997, su familia estuvo en bancarrota cuando el banco central checo aumentó las tasas de interés al 25 por ciento. La carrera laboral de Jedlička abarca desde ventas y administración hasta análisis financiero y tecnologías de la información. De 2006 a 2009, fue director gerente de HKfree.net, una red cívica y servicio de internet en su ciudad natal de Hradec Králové.

Estudió en la Escuela Superior de Economía de Praga y se graduó en el año 2009. Después estudió su maestría en el Instituto CEVRO, donde terminó sus estudios el año 2014. Desde el año 2003 ha trabajado en empresas dedicadas a las tecnologías de la información. En 2013 y 2014 trabajó como analista de mercados financieros. En 2001, Vít Jedlička fue miembro del Partido Democrático Cívico. El 2009 se convirtió en miembro del Partido de Ciudadanos Libres y fue elegido el primer presidente de la región de Hradec Králové del Partido de Ciudadanos Libre.

El 13 de abril de 2015 Vít Jedlička proclamó la República Libre de Liberland en un territorio entre Serbia y Croacia no reclamado por ninguna de las naciones (terra nullius) conocido como Siga y se convirtió en su primer presidente. El Comité Preparatorio que Jedlička nombró lo eligió como presidente ese mismo día. Se elegirá una asamblea tan pronto como lo considere apropiado el gobierno provisional.

PATRICK ROY BATES fue un locutor de radio pirata británico, que fundó la micronación del Principado de Sealand. Fue mayor en el ejército británico durante la Segunda Guerra Mundial. Nació en Ealing, Londres en 1921. Sirvió en el ejército británico, ascendiendo al rango de Mayor y resultó herido varias veces. Sirvió en la batalla de Monte Cassino en el marco de la campaña italiana y había estado con el Octavo Ejército en el norte de África. Luego trabajó de pescador.

Luego pasó a la radiodifusión a través de una radio pirata. En 1965, expulsó al personal de la estación pirata Radio City que había ocupado Knock John Tower, una plataforma de defensa naval británica de la Segunda Guerra Mundial. Usando el equipo militar que quedó en la plataforma, Bates usó una vieja radiobaliza de la Fuerza Aérea de los Estados Unidos para transmitir su estación. Desde Knock John Tower, dirigió Radio Essex desde 1965 hasta 1966 y logró convertirse en la primera estación de radio pirata en ofrecer su servicio las 24 horas.

La estación cambió su nombre en octubre de 1966 a Britain's Better Music Station (BBMS) después de que Bates fuera condenado por violar la Sección Uno de la Ley de Telegrafía Inalámbrica de 1949. Luego, Bates fue multado con £ 100 por sus continuas transmisiones ilegales. Debido a la insuficiencia de fondos, BBMS salió del aire en 1966. Bates trasladó su operación a la cercana Roughs Tower, otro fuerte ubicado más allá del límite de las aguas territoriales del Reino Unido, pero, a pesar de tener el equipo necesario, nunca volvió a emitir. El 14 de agosto de 1967 entró en vigor la Ley de delitos de radiodifusión marítima de 1967, que prohibía la radiodifusión desde determinadas estructuras marinas, por ejemplo, plataformas como la de Bates. 19 días después, el 2 de septiembre de 1967, Bates declaró la independencia de Roughs Tower y la  consideró el Principado de Sealand. Después de varios años, Bates se retiró y vivió en Inglaterra durante su vida posterior. Su hijo Michael estaba entonces a cargo de la administración de Sealand como "Príncipe Regente", aunque vivía en el continente británico. El 9 de octubre de 2012, Paddy Bates murió en una residencia después de haber padecido Alzheimer durante varios años.

LEONARD GEORGE CASLEY Mejor conocido como el Príncipe Leonard, fue el fundador de la micronación autoproclamada, el Principado de Hutt River, dentro del estado australiano de Australia Occidental. Gobernó Hutt River desde el 21 de abril de 1970 hasta su abdicación en febrero de 2017, en una ceremonia de coronación que colocó a su hijo, el Príncipe Graeme, en el trono.

Después de haber seguido varias ocupaciones, Casley finalmente se dedicó a la agricultura, comprando una gran granja de trigo cerca de los pueblos de Northampton y Geraldton en la década de 1960, donde llegó a poseer 75 kilómetros cuadrados (29 millas cuadradas). En 1970, declaró la independencia y fundó la Provincia de Hutt River en respuesta a una disputa con el Gobierno de Australia Occidental sobre lo que la familia Casley consideraba cuotas de producción de trigo draconianas. "Su Alteza Real el Príncipe Leonard I de Hutt" fue el título utilizado por Casley desde la creación del Principado hasta su muerte.

El Príncipe Leonard nació en Kalgoorlie, Australia Occidental, hijo de George William Casley, que trabajaba en los ferrocarriles, y Enes (de soltera Hunter). Creció junto a su hermano menor Mervyn, y Casley abandonó la escuela secundaria durante su infancia cuando estaba estudiando en el sexto grado. En enero de 2017, el Príncipe Leonard anunció que, después de gobernar durante 45 años, renunciaría como príncipe, siendo sucedido por su hijo menor, Graeme. Con varios hijos e hijas potenciales, el sucesor fue nominado por Casley y aprobado por un comité de la corona. Algunos comentarios de la época esperaban que su hijo mayor, Ian, fuera el sucesor.

En junio de 2017, el Tribunal Supremo de Australia Occidental ordenó a Casley pagar 2,7 millones de dólares en impuestos no pagados. Casley murió dos años después de abdicar el trono de Hutt River, el 13 de febrero de 2019, a la edad de noventa y tres años. Su principado lo sobrevivió por 18 meses y fue disuelto el 3 de agosto de 2020.

BRUCE GRENVILLE es un artista y activista anarquista neozelandés que en 1968 creó el utópico sultanato de **Occusi Ambeno** como forma tanto de subvertir el mensaje mediático como de transmitir la posibilidad de un modo de vida alternativo.

El Sultanato de Occusi Ambeno, ficticiamente ubicada en la realmente existente provincia de Occusi Ambeno, perteneciente a Timor Oriental, a partir de una historia inventada sobre un Estado formado por tribus unidas contra los portugueses, quienes tenían la zona como colonia en esos tiempos. El sultanato posteriormente fue promocionado a mayor escala entre la década del 70 y 80 a manera de hoax, en tiempos cuando este país estaba ocupado por la fuerza por el gobierno de Indonesia. Imprimió sellos, membretes, y así sucesivamente, lo que generó ingresos por correspondencia. Incluso se estableció relaciones diplomáticas con algunos pequeños Estados, incluyendo Mónaco, Liechtenstein, y la República de Minerva.

Las intenciones de Grenville al crearla fueron artísticas, diseñar sellos filatélicos y promover la creatividad y las habilidades artísticas; y políticas, abogar por el pacifismo y los derechos civiles, el desarme de los Estados, el fin de las ocupaciones militares, el cese de las pruebas nucleares

TRAVIS McHENRY, es un micronacionalista y ocultista nacido en Estados Unidos. En 2001, mientras era marinero en la Marina de los Estados Unidos, McHenry fundó la **micronación de Westarctica**. En 2004, se nombró a sí mismo gobernante de un territorio de 620,000 millas cuadradas que llamó el Gran Ducado de Westarctica, ubicado en la región de Tierra de Marie Byrd en la Antártida. Ha dicho que esto aprovechó una aparente laguna en el Sistema del Tratado Antártico. En 2006, después de enterarse de que McHenry había estado comunicándose con gobiernos extranjeros pidiéndoles que reconocieran la nación, la Marina le exigió que abdicara.

En agosto de 2018, Westarctica afirmaba tener una población de 2,356 ciudadanos (ninguno de los cuales realmente vive allí), y McHenry todavía se llama a sí mismo su Gran Duque.

En 2009, después de que McHenry dejó el ejército, adquirió unas pocas acres de tierra rural desértica en el sur de California de su familia y fundó Calsahara. McHenry luego la expandió para cubrir 117 acres. Un perfil de 2015 en la revista Los Ángeles describió el proyecto como de buen carácter. En octubre de 2017, las dos micronaciones de McHenry se vincularon cuando Calsahara fue "anexada" por Westarctica.

Algún tiempo antes de 2011, McHenry cambió el nombre de Westarctica de "Gran Ducado de Westarctica" a "Protectorado de Westarctica." En 2014, McHenry convirtió Westarctica en una organización sin fines de lucro que aboga por la protección de la vida silvestre antártica y el estudio del cambio climático.

RANDY WILLIAMS, mejor conocido por el nombre artístico R Dub!, es un DJ y presentador de radio estadounidense, famoso por ser el creador y presentador de Sunday Night Slow Jams, que creó el 24 de julio de 1994. Como director de programas de XHRM-FM y XHITZ-FM, Sunday Night Slow Jams se transmite en más de 200 estaciones de radio. Williams también se autodenomina sultán de su propia micronación, la República de Slowjamastan, ubicada en el condado de Imperial, en el sur de California, la cual fundó el 1 de diciembre de  2021. Además, se destaca por haber visitado los 193 estados miembros de las Naciones Unidas, lo que lo convierte en una de al menos 250 personas en hacerlo.

Williams se autodenomina sultán de su propia micronación, la **República de Slowjamastan**, ubicada en el condado de Imperial, en el sur de California. Se inspiró para crear su propio modelo de país después de visitar la República de Molossia, otra micronación en Dayton, Nevada, en agosto de 2021. Al regresar de ese viaje, comenzó inmediatamente a trabajar en los planes para su propia micronación, comprando un terreno desértico de 11,07 acres (4,48 hectáreas) en octubre por US$19,000.

El 1 de diciembre, declaró la República de Slowjamastan como un estado independiente. Aunque Slowjamastan no tiene estructuras edificadas, contiene un gran letrero fronterizo junto a la autopista California State Route 78, un puesto de control fronterizo y un escritorio al aire libre que sirve como la oficina de Williams. Hay planes para expandir el territorio. 

Williams ha representado a Slowjamastan en eventos de la comunidad micronacional como MicroCon.

Las micronaciones proporcionan una ventana fascinante hacia la filosofía política contemporánea. En este capítulo, exploraremos los principios filosóficos que subyacen a las micronaciones, examinando sus motivaciones, estructuras de gobierno, y su impacto en el discurso sobre la soberanía y el estado.

1. La Motivación de las Micronaciones:

La creación de una micronación a menudo está impulsada por una variedad de factores filosóficos y prácticos. Entre las motivaciones más comunes se encuentran:

A. Utopismo y Experimentación Social: Muchas micronaciones son fundadas como experimentos utópicos, donde los creadores buscan implementar sus ideales políticos y sociales en un entorno controlado. Ejemplos notables incluyen el Principado de Sealand y la República de Molossia, donde los fundadores intentan crear sociedades que reflejen sus visiones personales de gobernanza ideal.

B. Protesta Política y Sátira: Algunas micronaciones son creadas como una forma de protesta contra el statu quo político o para satirizar las instituciones existentes. La República de Kugelmugel, por ejemplo, fue establecida en Austria por el artista Edwin Lipburger como un acto de resistencia contra la burocracia gubernamental.

C. Identidad y Comunidad: Para ciertos grupos, la fundación de una micronación es una forma de afirmar una identidad cultural o étnica única. Estos proyectos buscan crear un espacio donde puedan preservar y promover sus tradiciones y lenguas sin interferencia externa.

2. Estructuras de Gobierno en las Micronaciones:

La diversidad de las micronaciones se refleja en la variedad de sus estructuras de gobierno. Estas entidades ofrecen un campo fértil para la experimentación política, permitiendo la implementación de modelos de gobernanza que a menudo son teóricos en el ámbito de los estados reconocidos.

A. Monarquías: Muchas micronaciones adoptan estructuras monárquicas, ya sea absolutas o constitucionales. Este modelo es atractivo por su simplicidad y por la continuidad simbólica que ofrece. El Principado de Hutt River, por ejemplo, funcionó durante décadas bajo un sistema monárquico.

B. Democracias Directas: Otras micronaciones, como la República de Uzupis en Lituania, implementan sistemas de democracia directa donde todos los ciudadanos participan activamente en la toma de decisiones. Este enfoque refleja una crítica a las democracias representativas y busca empoderar a los individuos.

C. Modelos Híbridos y Exóticos: Algunas micronaciones adoptan modelos híbridos o innovadores que combinan elementos de diferentes sistemas políticos. La Nación de Ladonia, creada por el artista Lars Vilks en Suecia, tiene un gobierno con elementos anárquicos y una administración burocrática mínima, reflejando una visión artística de la gobernanza.

3. Soberanía y Legitimidad:

Uno de los temas filosóficos centrales de las micronaciones es la cuestión de la soberanía y la legitimidad. Las micronaciones desafían las nociones tradicionales de soberanía al reivindicar derechos sobre territorios sin el reconocimiento internacional. Este desafío invita a una reflexión profunda sobre lo que constituye un estado soberano y cómo se construye la legitimidad política.

A. Reconocimiento y Existencia: La falta de reconocimiento oficial plantea preguntas sobre la existencia y validez de una entidad política. Según el enfoque constitutivo del derecho internacional, un estado existe únicamente cuando es reconocido por otros estados. Las micronaciones, sin embargo, operan bajo la premisa de la autodeterminación, afirmando que la existencia de un estado depende de la voluntad de sus habitantes más que del reconocimiento externo.

B. Funcionalidad y Autoridad: Las micronaciones a menudo deben demostrar su capacidad para funcionar como entidades soberanas, estableciendo sistemas de gobierno, economía y defensa. Aunque carecen del poder y los recursos de los estados reconocidos, muchas micronaciones desarrollan estructuras administrativas y servicios básicos, cuestionando la necesidad de grandes aparatos burocráticos para la legitimidad estatal.

C. Impacto Filosófico: Al existir fuera de las normas establecidas, las micronaciones ofrecen una crítica implícita a las estructuras de poder globales y a la noción de soberanía territorial. En su existencia misma, plantean la posibilidad de formas alternativas de organización política y social, desafiando las limitaciones de los modelos actuales.

41 Demografía y Población en las Micronaciones

Poblaciones Reducidas: La mayoría de las micronaciones tienen poblaciones muy reducidas. Estas poblaciones pueden variar desde unas pocas personas hasta varios cientos, siendo raro que excedan los mil habitantes. Por ejemplo, la República de Molossia, situada en Nevada, Estados Unidos, tiene una población residente de apenas unas pocas personas, mientras que el Principado de Sealand, una plataforma marina ubicada en el Mar del Norte, tiene una población que varía, generalmente compuesta por miembros de la familia Bates y algunos guardias.

Ciudadanía Simbólica: Algunas micronaciones, como el Imperio de Atlantium, tienen una ciudadanía mayoritariamente simbólica, con miembros distribuidos globalmente. Estas micronaciones aceptan ciudadanos a través de un proceso de solicitud en línea, lo que permite a personas de todo el mundo unirse sin necesidad de residir físicamente en el territorio. Esto da lugar a una población dispersa y a menudo grande en número, aunque la participación activa puede ser mínima.

Homogeneidad Étnica y Cultural: La composición demográfica de las micronaciones suele ser relativamente homogénea en términos de origen étnico y cultural, especialmente en aquellas que surgen de grupos con intereses y antecedentes comunes. Por ejemplo, muchas micronaciones europeas están formadas por ciudadanos de origen occidental con un interés compartido en la cultura local, la historia o ciertos ideales políticos.

Diversidad en Micronaciones Globales: Sin embargo, existen excepciones, particularmente en las micronaciones que promueven la ciudadanía global. Estas micronaciones, como el ya mencionado Imperio de Atlantium, se esfuerzan por atraer a individuos de diversas nacionalidades y antecedentes culturales, buscando una representación más diversa de ciudadanos.

Movilidad y Residencia: En las micronaciones con territorio físico, la residencia suele estar limitada a unos pocos individuos que viven permanentemente en el territorio. En contraste, las micronaciones virtuales pueden tener ciudadanos distribuidos globalmente, quienes participan en la vida de la micronación a través de internet. Esta distribución permite una mayor flexibilidad y movilidad, y facilita la inclusión de ciudadanos que no pueden o no desean trasladarse físicamente.

Religión Oficial: Algunas micronaciones establecen una religión oficial como parte de su identidad. Estas religiones pueden derivarse de creencias tradicionales reinterpretadas o ser completamente nuevas, creadas por los fundadores de la micronación. Por ejemplo, el Reino de Talossa

tiene una religión oficial conocida como la Iglesia de Talossa, que incorpora elementos de varias tradiciones religiosas mezcladas con invenciones propias.

Sincretismo y Nuevas Religiones: El sincretismo religioso es común en las micronaciones, donde se combinan elementos de diferentes tradiciones espirituales para formar nuevas religiones. Esta práctica permite a las micronaciones crear una identidad religiosa única y distintiva. El Principado de Sealand, aunque no tiene una religión oficial, ejemplifica la tolerancia religiosa y el sincretismo al permitir una variedad de creencias entre sus ciudadanos.

Espiritualidad Secular: Algunas micronaciones promueven una espiritualidad secular, centrándose en valores humanistas y éticos en lugar de una estructura religiosa formal. El Imperio de Atlantium, por ejemplo, se identifica como una micronación secular que aboga por el humanismo y el progreso científico como sus pilares fundamentales. Esta orientación enfatiza la razón y la ética como bases para la cohesión social y el bienestar.

Roles y Funciones de la Religión en las Micronaciones:
Cohesión Social y Cultural: La religión y la espiritualidad pueden actuar como fuerzas unificadoras dentro de las micronaciones. La creación de rituales, festividades y símbolos religiosos fortalece el sentido de comunidad y pertenencia. Por ejemplo, las celebraciones religiosas en el Reino de Talossa, con sus ceremonias únicas, ayudan a consolidar la identidad cultural y la cohesión social de la micronación.

Legitimidad y Autoridad: En algunas micronaciones, la religión sirve para legitimar la autoridad de sus líderes. Títulos como "Monarca Divino" o "Sumo Sacerdote" confieren una dimensión sacra a los gobernantes, justificando su poder a través de una conexión percibida con lo divino. Este uso de la religión para la legitimación política es una estrategia efectiva para mantener la estabilidad y el orden dentro de la micronación.

43 EL FUTURO DE LAS MICRONACIONES

Avances Tecnológicos y su Impacto:
Realidad Virtual y Comunidades Digitales:
El avance de la realidad virtual (VR) y la realidad aumentada (AR) ofrece nuevas oportunidades para las micronaciones. Estas tecnologías permiten la creación de entornos inmersivos donde los ciudadanos pueden interactuar, participar en ceremonias y actividades gubernamentales, y experimentar una sensación de comunidad, sin importar su 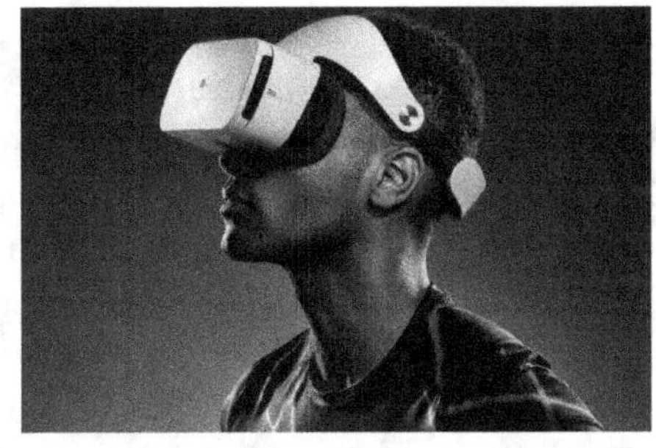 ubicación física. Micronaciones como el Imperio de Atlantium ya están explorando el uso de plataformas digitales para conectar a sus ciudadanos dispersos por todo el mundo.

Blockchain y Criptomonedas: La tecnología blockchain y las criptomonedas presentan una forma segura y descentralizada de manejar las finanzas y la gobernanza en las micronaciones. Estas tecnologías pueden facilitar la creación de monedas nacionales, sistemas de votación  transparentes y contratos inteligentes, que permiten una gestión más eficiente y confiable de los recursos y decisiones de la micronación. Ejemplos como Liberland, que utiliza Liberland Merit (LLM) y Liberland Dólar (LLD) como su moneda oficial, demuestran el potencial de esta tecnología para las micronaciones.

Cambios Sociales y Culturales:
Aumento del Interés y Reconocimiento: El creciente interés en temas de gobernanza alternativa, identidad cultural y autonomía personal puede conducir a un aumento en la creación y reconocimiento de micronaciones. A medida que más personas buscan formas de expresar sus valores y creencias en comunidades más

pequeñas y manejables, las micronaciones pueden convertirse en un fenómeno más común y respetado. Esto podría llevar a una mayor colaboración entre micronaciones y organizaciones internacionales, aunque el reconocimiento oficial sigue siendo improbable.

Turismo y Experiencias Inmersivas: El turismo de micronaciones puede convertirse en una industria en crecimiento, donde las personas visitan estas entidades para experimentar su cultura, participar en eventos y obtener una visión de su forma de vida única. Micronaciones como Sealand y Molossia ya atraen visitantes curiosos, y otras pueden seguir su ejemplo, desarrollando programas turísticos y culturales que ofrezcan experiencias inmersivas y educativas.

Desafíos y Oportunidades:
Sostenibilidad y Recursos: La sostenibilidad es un desafío crucial para el futuro de las micronaciones. La gestión eficiente de recursos limitados, la autosuficiencia energética y la producción de alimentos serán esenciales para la viabilidad a largo plazo de estas entidades. Innovaciones en agricultura urbana, energía renovable y gestión de residuos serán fundamentales para superar estos desafíos.

Legitimidad y Relaciones Internacionales:
La búsqueda de legitimidad y reconocimiento sigue siendo un desafío significativo para las micronaciones. A pesar de sus esfuerzos por establecer gobiernos y sistemas jurídicos, la mayoría de las micronaciones no son reconocidas oficialmente. Sin embargo,

pueden buscar alianzas y colaboraciones con organizaciones no gubernamentales, universidades y movimientos globales que compartan sus valores, fortaleciendo así su posición y visibilidad en la escena internacional.

44 Innovación y Emprendimiento en las Micronaciones

Innovaciones en Gobernanza:
Modelos de Gobierno Experimentales: Las micronaciones ofrecen una oportunidad para probar sistemas de gobernanza no convencionales. Algunas implementan modelos de democracia directa, donde todos los ciudadanos pueden participar activamente en la toma de decisiones. Otras adoptan sistemas meritocráticos o tecnocráticos, donde el liderazgo se basa en la competencia y el conocimiento.

Uso de Tecnologías Digitales: El uso de tecnologías digitales es una característica clave de la innovación en las micronaciones. Plataformas de votación en línea, foros de discusión y aplicaciones móviles permiten una participación ciudadana ágil y efectiva. El Principado de Sealand, aunque pequeño, utiliza su presencia en internet para conectar con ciudadanos y simpatizantes globales, facilitando así la comunicación y la cohesión comunitaria.

Innovaciones en Sostenibilidad:
Autosuficiencia Energética: La sostenibilidad es un desafío crucial para las micronaciones, muchas de las cuales buscan ser autosuficientes en términos de energía. Micronaciones como Eltanin, en la Antártida, exploran el uso de energía solar y eólica para satisfacer sus necesidades energéticas. Estas prácticas no solo reducen la dependencia de recursos externos, sino que también promueven un enfoque ecológico y responsable hacia el medio ambiente.

Agricultura Urbana y Vertical: La innovación en agricultura urbana y vertical es otra área de enfoque para las micronaciones. Estas técnicas permiten la producción de alimentos en espacios reducidos, utilizando tecnologías avanzadas como la hidroponía y la aeroponía. Este enfoque puede ser visto en micronaciones como el Principado de Sealand, que está explorando la posibilidad de desarrollar jardines verticales para cultivar alimentos de manera eficiente y sostenible.

Emprendimiento y Oportunidades de Negocio:
Startups y Nuevas Empresas: Las micronaciones ofrecen un entorno ideal para la incubación de startups y nuevas empresas. La falta de regulaciones estrictas y la libertad para experimentar permiten a los emprendedores probar nuevas ideas y modelos de negocio. El Imperio de Atlantium, por ejemplo, promueve un entorno de innovación tecnológica y social, atrayendo a emprendedores interesados en desarrollar proyectos pioneros en un entorno libre de las restricciones convencionales.

Turismo y Marketing de Experiencias: El turismo se está convirtiendo en una industria importante para muchas micronaciones. Eventos culturales, festivales y tours personalizados ofrecen experiencias únicas que atraen a turistas curiosos. Micronaciones como Sealand y Molossia han capitalizado este interés, desarrollando programas turísticos que no solo generan ingresos, sino que también difunden su cultura y visión al mundo exterior.

45 La Influencia de las Redes Sociales en las Micronaciones

Creación y Construcción de Comunidades:
Conectividad Global: Las redes sociales permiten a las micronaciones conectar con individuos de todo el mundo que comparten intereses similares. Plataformas como Facebook, Twitter y Reddit ofrecen espacios donde los ciudadanos pueden reunirse, discutir y colaborar en proyectos relacionados con su micronación. Esta conectividad global es esencial para micronaciones que tienen ciudadanos dispersos geográficamente, como la Republica Libre de Liberland, que utiliza Facebook y Twitter (X) para mantener a sus ciudadanos informados y conectados.

Movilización y Reclutamiento: Las redes sociales son herramientas poderosas para la movilización y el reclutamiento de nuevos ciudadanos. A través de campañas de marketing digital y contenido atractivo, las micronaciones pueden atraer a individuos interesados en unirse a sus comunidades. Vídeos de YouTube, publicaciones en Instagram y tweets informativos pueden generar interés y aumentar la visibilidad de la micronación. Liberland, por ejemplo, ha utilizado Twitter eficazmente para reclutar ciudadanos y mantener a su comunidad informada sobre eventos y noticias relevantes.

Promoción y Legitimación:
Visibilidad y Reconocimiento: Las redes sociales ofrecen una plataforma para que las micronaciones aumenten su visibilidad y busquen reconocimiento. A través de una presencia activa en estas plataformas, las micronaciones pueden difundir sus ideales, cultura y actividades a una audiencia global. El Principado de Sealand ha utilizado su cuenta de Twitter para promocionar eventos, interactuar con seguidores y atraer atención mediática, lo que ha contribuido a su reconocimiento y legitimidad.

Comunicación y Relaciones Públicas: Las redes sociales también actúan como herramientas de comunicación y relaciones públicas. Las micronaciones pueden emitir comunicados oficiales, responder a preguntas de los ciudadanos y manejar crisis de manera rápida y eficaz. La capacidad de interactuar directamente con el público en tiempo real mejora la transparencia y la confianza.

Innovación y Colaboración:
Colaboraciones y Alianzas: Las redes sociales facilitan la colaboración y la formación de alianzas entre micronaciones y otras entidades. A través de plataformas como LinkedIn y Facebook, las micronaciones pueden establecer

contactos con organizaciones no gubernamentales, académicas y otras micronaciones para trabajar en proyectos conjuntos y compartir recursos. Estas colaboraciones pueden ser cruciales para la sostenibilidad y el desarrollo de las micronaciones.

Innovación en la Gobernanza: La influencia de las redes sociales también se extiende a la innovación en la gobernanza. Plataformas como Discord y Slack permiten la gestión de comunidades y la toma de decisiones en tiempo real, fomentando la participación activa y democrática de los ciudadanos. El uso de encuestas en Twitter o Facebook para votar sobre cuestiones importantes es una práctica común en algunas micronaciones, promoviendo un modelo de gobernanza más inclusivo y participativo.

Desafíos y Oportunidades:
Desafíos de la Gestión de Redes Sociales: La gestión de una presencia activa en las redes sociales puede ser un desafío para las micronaciones. Requiere tiempo, recursos y habilidades específicas para crear contenido atractivo y mantener el compromiso de la audiencia. Además, las micronaciones deben manejar los riesgos asociados con la desinformación y la seguridad digital. La privacidad y la protección de datos son consideraciones cruciales para evitar posibles amenazas cibernóticas.

Oportunidades para el Crecimiento: A pesar de los desafíos, las redes sociales ofrecen vastas oportunidades para el crecimiento de las micronaciones. Las campañas virales, la creación de contenido multimedia atractivo y la interacción directa con una audiencia global pueden impulsar significativamente la visibilidad y el reclutamiento. Además, la capacidad de acceder a análisis de datos y métricas de redes sociales permite a las micronaciones medir el impacto de sus esfuerzos y ajustar sus estrategias de comunicación en consecuencia.

46 La Protección y los Derechos Humanos en las Micronaciones

Fundamentos de los Derechos Humanos en las Micronaciones:
Declaraciones de Derechos y Constituciones: Muchas micronaciones redactan sus propias constituciones y declaraciones de derechos, inspirándose en documentos internacionales como la Declaración Universal de los Derechos Humanos. Estas constituciones suelen incluir derechos fundamentales como la libertad de expresión, la igualdad ante la ley, y la libertad de religión.

Adaptación de Normas Internacionales: A pesar de su pequeño tamaño y falta de reconocimiento, algunas micronaciones se esfuerzan por alinearse con las normas internacionales de derechos humanos. Adoptan principios y prácticas de organismos internacionales, buscando legitimidad y reconocimiento moral.

Mecanismos de Protección y Justicia:

Sistemas Judiciales y Disputas: Las micronaciones suelen establecer sistemas judiciales para resolver disputas y proteger los derechos de sus ciudadanos. Estos sistemas pueden ser simples o complejos, dependiendo de los recursos y la estructura de la micronación. La República de Molossia, por ejemplo, tiene un sistema judicial encabezado por su Presidente, que actúa como juez supremo en disputas legales, garantizando la justicia y la protección de los derechos dentro de su territorio.

Ombudsman y Comisiones de Derechos Humanos: Algunas micronaciones crean instituciones específicas, como el ombudsman o comisiones de derechos humanos, para supervisar la protección de los derechos y abordar quejas de los ciudadanos. Estas instituciones funcionan como defensores independientes, asegurando que las acciones del gobierno no infrinjan los derechos de las personas. El Reino de Talossa ha establecido un ombudsman para investigar quejas y asegurar la transparencia y la justicia en sus procedimientos gubernamentales.

Desafíos y Oportunidades:

Limitaciones de Recursos: Una de las principales limitaciones que enfrentan las micronaciones es la falta de recursos. Sin acceso a amplios fondos y personal especializado, puede ser difícil implementar y mantener sistemas efectivos de protección de derechos humanos. Sin embargo, la creatividad y el compromiso de sus ciudadanos a menudo compensan estas limitaciones. Por ejemplo, muchas micronaciones utilizan voluntarios y tecnologías digitales para gestionar sus sistemas judiciales y de derechos humanos.

Reconocimiento y Legitimidad:

La falta de reconocimiento oficial presenta un desafío significativo para las micronaciones en la protección de los derechos humanos. Sin el apoyo y la supervisión de la comunidad internacional, es difícil para estas entidades aplicar y hacer cumplir normas de derechos humanos. Sin embargo, algunas micronaciones buscan establecer relaciones y colaboraciones con organizaciones no gubernamentales y académicas para ganar legitimidad y apoyo. El Imperio de Atlantium, por ejemplo, ha buscado alianzas con organizaciones de derechos humanos para fortalecer su marco jurídico y ganar reconocimiento moral.

Casos de Estudio:

El Imperio de Atlantium: El Imperio de Atlantium es conocido por su compromiso con el humanismo y los derechos humanos. Su constitución garantiza una amplia gama de derechos y libertades, y la micronación se esfuerza por ser un modelo de progreso social y justicia. Atlantium promueve la igualdad de género, la libertad de expresión y los derechos de las minorías, buscando alinearse con las mejores prácticas internacionales en derechos humanos.

El Principado de Hutt River: El Principado de Hutt River, aunque disuelto en 2020, es un ejemplo de cómo una micronación puede establecer y promover un marco de derechos humanos. Durante su existencia, Hutt River tenía una constitución que protegía los derechos civiles y políticos de sus ciudadanos, y el gobierno se comprometía a la justicia y la igualdad. Aunque pequeña, Hutt River buscó actuar como un estado responsable y justo, promoviendo los derechos y el bienestar de su población.

Innovaciones en la Protección de Derechos Humanos:

Tecnología y Derechos Humanos: Las micronaciones están explorando el uso de tecnologías avanzadas para proteger los derechos humanos. Plataformas digitales y aplicaciones móviles pueden facilitar la denuncia de abusos, la educación sobre derechos y la participación ciudadana. Por ejemplo, la República de Molossia utiliza su sitio web para informar a los ciudadanos sobre sus derechos y los procedimientos para presentar quejas, promoviendo la transparencia y la responsabilidad.

Participación Ciudadana: La participación activa de los ciudadanos es esencial para la protección de los derechos humanos en las micronaciones. Muchas de estas entidades promueven la participación ciudadana en la toma de decisiones y la supervisión de los derechos humanos, asegurando que las voces de los ciudadanos sean escuchadas y respetadas. El Reino de Talossa, con su sistema de democracia directa y el uso de foros en línea, facilita la participación y el monitoreo de los derechos humanos por parte de sus ciudadanos.

47 La Agricultura en las Micronaciones

Agricultura Urbana y Vertical: Muchas micronaciones se encuentran en áreas urbanas o con espacio limitado, lo que impulsa la adopción de la agricultura urbana y vertical. Estas técnicas permiten cultivar alimentos en estructuras verticales y espacios reducidos, utilizando tecnologías como la hidroponía y la aeroponía. Estas prácticas no solo optimizan el uso del espacio, sino que también reducen la necesidad de suelos fértiles, lo cual es crucial para micronaciones como el Principado de Sealand, ubicado en una antigua plataforma marina.

Hidroponía y Aeroponía: La hidroponía y la aeroponía son métodos de cultivo sin suelo que permiten el crecimiento eficiente de plantas mediante soluciones nutritivas y nebulización de agua enriquecida con nutrientes. Estas técnicas son ideales para micronaciones que carecen de suelo agrícola adecuado.

Agricultura Comunitaria y Jardines Compartidos: La agricultura comunitaria y los jardines compartidos son estrategias empleadas por algunas micronaciones para fomentar la autosuficiencia alimentaria y la cohesión social. Estas iniciativas permiten a los ciudadanos participar activamente en la producción de alimentos, compartiendo el trabajo y los beneficios. La República de Molossia ha implementado un pequeño jardín comunitario donde los ciudadanos cultivan verduras y frutas, promoviendo la participación comunitaria y la autosuficiencia.

Desafíos de la Agricultura en Micronaciones:
Limitaciones Espaciales y de Recursos: Las micronaciones suelen enfrentar limitaciones espaciales significativas, lo que puede dificultar la expansión de actividades agrícolas. Además, la disponibilidad de recursos como agua, tierra fértil y equipos agrícolas puede ser limitada. Estos desafíos requieren soluciones creativas e innovadoras para maximizar la eficiencia y productividad de los espacios disponibles.

Sostenibilidad y Autosuficiencia: Lograr la autosuficiencia en la producción de alimentos es un desafío considerable para las micronaciones. La necesidad de prácticas agrícolas sostenibles que minimicen el impacto ambiental es crucial. Esto incluye el uso de técnicas de cultivo ecológicas, la gestión eficiente del agua y la reducción de residuos. El Principado de Hutt River, en Australia, ha trabajado en desarrollar prácticas agrícolas sostenibles para mantener su autosuficiencia y proteger el medio ambiente local.

Clima y Condiciones Ambientales: Las condiciones climáticas y ambientales pueden variar significativamente entre las micronaciones, afectando sus capacidades agrícolas. Algunas micronaciones se encuentran en climas adversos que dificultan la producción de alimentos, mientras que otras pueden beneficiarse de climas favorables. Adaptar las técnicas agrícolas a las condiciones locales es esencial para el éxito. Por ejemplo, el Reino de EnenKio, ubicado en el Pacífico, debe abordar desafíos relacionados con el clima tropical y la salinidad del suelo.

Futuro de la Agricultura en Micronaciones

Integración de Tecnologías Avanzadas: El futuro de la agricultura en las micronaciones estará marcado por la integración de tecnologías avanzadas. La Inteligencia artificial, los sensores de monitoreo y los sistemas automatizados de riego y nutrientes pueden optimizar aún más la eficiencia y productividad de las técnicas agrícolas. Estas innovaciones permitirán a las micronaciones gestionar sus recursos de manera más efectiva y enfrentar los desafíos ambientales y de espacio con mayor éxito.

Colaboraciones y Redes de Apoyo: Las micronaciones pueden beneficiarse de colaboraciones y redes de apoyo con organizaciones agrícolas, universidades y otras micronaciones. Compartir conocimientos, recursos y experiencias permitirá a las micronaciones mejorar sus prácticas agrícolas y encontrar soluciones innovadoras a los desafíos comunes. La creación de redes de intercambio de semillas y recursos puede fortalecer la autosuficiencia alimentaria y la resiliencia de estas entidades.

Educación y Conciencia Ambiental: Promover la educación y la conciencia ambiental entre los ciudadanos de las micronaciones es esencial para el éxito de las iniciativas agrícolas. Fomentar una cultura de sostenibilidad y responsabilidad ambiental asegurará que las prácticas agrícolas se mantengan ecológicas y eficientes a largo plazo. Programas educativos y talleres sobre agricultura sostenible pueden empoderar a los ciudadanos para participar activamente en la producción de alimentos y la protección del medio ambiente.

Construcción de Identidad a través de la Escritura

Mitologías y Leyendas Fundacionales: Las mitologías y leyendas fundacionales son herramientas poderosas que las micronaciones utilizan para construir y consolidar su identidad. Estas narrativas, a menudo escritas por los fundadores o líderes, proporcionan un trasfondo histórico y cultural que da sentido de pertenencia a los ciudadanos.

Constituciones y Documentos Legales: La redacción de constituciones y documentos legales es una práctica común en las micronaciones. Estos textos no solo establecen las reglas y leyes que gobiernan la micronación, sino que también articulan sus valores fundamentales y objetivos a largo plazo. El Principado de Sealand, por ejemplo, tiene una constitución que define su estructura de gobierno y los derechos de sus ciudadanos. La elaboración de estos documentos legales es un acto literario en sí mismo, que refleja la visión y las aspiraciones de la micronación.

Publicaciones y Medios de Comunicación

Periódicos y Boletines: Muchas micronaciones publican periódicos y boletines para mantener informados a sus ciudadanos y promover la cohesión comunitaria. Estas publicaciones pueden incluir noticias, editoriales, anuncios y otros contenidos relevantes para la micronación.

Literatura de Ficción y Poesía: La producción de literatura de ficción y poesía es otra forma en que las micronaciones expresan su identidad y cultura. Estas obras pueden explorar temas relacionados con la micronación, desde historias de sus fundadores hasta relatos de ficción ambientados en sus territorios imaginarios. La literatura de ficción y la poesía permiten a los ciudadanos y simpatizantes explorar y expandir la narrativa cultural de la micronación.

Promoción Cultural y Eventos Literarios

Festivales Literarios y Concursos: Las micronaciones a menudo organizan festivales literarios y concursos de escritura para promover la creatividad y la participación cultural entre sus ciudadanos. Estos eventos no solo celebran la literatura y la escritura, sino que también fomentan un sentido de comunidad y orgullo nacional. Por ejemplo, el Reino de Ladonia organiza concursos de poesía y festivales literarios que invitan a los ciudadanos y simpatizantes a compartir sus obras y celebrar la cultura literaria de la micronación.

Publicación y Distribución de Obras Literarias: La publicación y distribución de obras literarias es una práctica común en muchas micronaciones. Estas publicaciones pueden ser distribuidas en formato impreso o digital, y a menudo están disponibles para una audiencia global. Las micronaciones utilizan plataformas en línea, como blogs y sitios web oficiales, para publicar y distribuir sus obras literarias. Además, algunos autores de micronaciones publican sus libros en plataformas de autoedición como Amazon Kindle, lo que permite una mayor difusión de sus trabajos.

49 DERECHO MARÍTIMO Y LAS MICRONACIONES

Marco Legal Internacional: Convención de las Naciones Unidas sobre el Derecho del Mar (CONVEMAR): El derecho marítimo internacional está principalmente regido por la Convención de las Naciones Unidas sobre el Derecho del Mar (CONVEMAR), adoptada en 1982. Esta convención establece las normas sobre el uso de los océanos y sus recursos, la delimitación de las aguas territoriales, la zona económica exclusiva (ZEE), la plataforma continental y la alta mar.

Aguas Territoriales y Zonas Económicas Exclusivas: Según la CONVEMAR, los estados costeros tienen soberanía sobre una franja de mar adyacente a su costa, conocida como aguas territoriales, que se extiende hasta 12 millas náuticas. Más allá de las aguas territoriales, hasta 200 millas náuticas desde la línea de base, los estados tienen derechos soberanos para explorar, explotar, conservar y gestionar los recursos naturales en su ZEE.

Alta Mar: La alta mar se refiere a todas las partes del mar que no están incluidas en las ZEE, las aguas interiores o el mar territorial de un estado. Es un área común internacional donde prevalece el principio de libertad: libertad de navegación, sobrevuelo, pesca, investigación científica y construcción de islas artificiales.

Legalidad de las Reclamaciones Marinas: Las reclamaciones de las micronaciones en áreas marítimas se enfrentan a varios desafíos legales, tales como:

Reconocimiento Internacional: Para que una entidad sea reconocida como un estado soberano, debe cumplir con los criterios de la Convención de Montevideo: una población permanente, un territorio definido, un gobierno y la capacidad de entrar en relaciones con otros estados. Las micronaciones suelen fallar en uno o más de estos criterios.

Territorio en el Mar: Las reclamaciones sobre estructuras artificiales en la alta mar no tienen fundamento legal en la CONVEMAR, ya que la convención no reconoce la soberanía sobre tales estructuras.

Zonas Económicas Exclusivas: Si una micronación reclama una ZEE, estaría en conflicto directo con las reclamaciones de los estados reconocidos. La CONVEMAR solo otorga derechos a los estados soberanos sobre las ZEE.

Impacto y Consideraciones Futuras

Aunque las micronaciones rara vez son tomadas en serio en el ámbito del derecho internacional, plantean cuestiones interesantes sobre la naturaleza de la soberanía y el uso del océano. A medida que la tecnología avanza y la capacidad de construir estructuras en el mar se vuelve más accesible, las discusiones sobre la legitimidad de tales reclamaciones podrían ganar relevancia.

Además, las micronaciones podrían influir en debates sobre el uso sostenible del mar y la protección del medio ambiente marino. Al desafiar las normas establecidas, podrían fomentar una mayor reflexión sobre cómo se gobiernan y utilizan los océanos, y cómo se pueden integrar nuevas ideas y enfoques en el marco del derecho marítimo.

Desarrollo y Gobernanza: Las ONGs a menudo son fundamentales para el establecimiento y mantenimiento de la estructura de gobernanza en las micronaciones. Estas organizaciones proporcionan asesoramiento y apoyo técnico para la creación de sistemas administrativos eficaces, ayudando a redactar constituciones, leyes y políticas que son esenciales para la operatividad de cualquier entidad soberana. Las ONGs pueden ofrecer formación y recursos que faciliten la transparencia y la participación ciudadana, promoviendo así una gobernanza más inclusiva y democrática.

Un ejemplo notable es la colaboración de ONGs con micronaciones que buscan establecer sistemas educativos y sanitarios. Proyectos de desarrollo comunitario liderados por ONGs pueden mejorar significativamente la calidad de vida de los residentes, proporcionando acceso a servicios básicos que de otro modo serían difíciles de obtener debido a la limitada infraestructura y recursos de las micronaciones.

Desarrollo Económico: El desarrollo económico es otro ámbito donde las ONGs pueden tener un impacto significativo. Las micronaciones, debido a su tamaño y la falta de reconocimiento oficial, a menudo enfrentan desafíos económicos únicos. Las ONGs pueden intervenir para proporcionar microfinanciamiento, promover el emprendimiento local y facilitar el comercio. Estas organizaciones pueden ayudar a diseñar e implementar proyectos que generen ingresos sostenibles, como iniciativas de turismo, agricultura sostenible y artesanías locales.

Un caso ejemplar es el apoyo de ONGs en la creación de cooperativas y pequeñas empresas dentro de micronaciones. Estas cooperativas pueden mejorar la economía local al fomentar la producción y el comercio interno, reduciendo la dependencia de importaciones costosas y promoviendo el autodesarrollo.

Sostenibilidad Ambiental: La sostenibilidad ambiental es una preocupación creciente en todo el mundo, y las micronaciones no son una excepción. Muchas de estas entidades buscan crear modelos de vida sostenible que puedan servir de ejemplo a otras comunidades. Las ONGs ambientales juegan un papel vital en este esfuerzo, proporcionando la experiencia y los recursos necesarios para implementar prácticas ecológicas.

Las ONGs pueden ayudar a las micronaciones a desarrollar políticas ambientales, gestionar recursos naturales de manera sostenible y educar a la población sobre la importancia de la conservación. Programas de reforestación, manejo de residuos y energías renovables son áreas donde las ONGs pueden tener un impacto positivo significativo, ayudando a las micronaciones a reducir su huella ecológica y mejorar su resiliencia frente al cambio climático.

Derechos Humanos y Justicia Social: El respeto y la promoción de los derechos humanos son esenciales para el desarrollo de cualquier sociedad, incluida una micronación. Las ONGs dedicadas a los derechos humanos pueden trabajar con micronaciones para garantizar que se respeten los derechos de todos los ciudadanos, promoviendo la igualdad y la justicia social.

Estas organizaciones pueden proporcionar capacitación en derechos humanos, apoyar a las víctimas de abusos y ayudar a desarrollar políticas que protejan a las minorías y los grupos vulnerables. Además, las ONGs pueden desempeñar un papel crucial en la mediación de conflictos y la promoción de la paz dentro de las micronaciones, ayudando a construir sociedades más justas y equitativas.

51 MICRONACIONES EN MÉXICO Y LATINO AMÉRICA

Reino de la Araucanía y la Patagonia: Aunque técnicamente no se encuentra dentro de los límites de México, el Reino de la Araucanía y la Patagonia tiene una conexión histórica significativa con el país. Fundado en el siglo XIX por el francés Orélie-Antoine de Tounens, este estado autoproclamado abarcaba territorios en lo que hoy son Argentina y  Chile, pero también reclamaba una porción de tierra en México. Aunque su relevancia política es disputada, su legado cultural y su historia han inspirado la creación de otras micronaciones en México.

Principado de San Pedro: Situado en la región de Tamaulipas, el Principado de San Pedro es una micronación que surgió en la década de 1970. Fundado por un grupo de amigos como una forma de protesta contra el gobierno mexicano, el principado proclamó su independencia y estableció su propia bandera, moneda y sistema de gobierno. Aunque no es reconocida oficialmente, la comunidad de San Pedro ha creado una identidad única y desarrollado tradiciones propias.

Impacto Cultural y Social: Las micronaciones en México, aunque pequeñas en tamaño y a menudo marginadas por el gobierno y la sociedad, tienen un impacto cultural y social significativo. Estas entidades ofrecen a sus ciudadanos un sentido de identidad y comunidad, fomentando la creatividad y la autoexpresión. Además, las micronaciones a menudo promueven valores de autodeterminación, libertad y cooperación, inspirando a otros a cuestionar las estructuras de poder establecidas y a explorar nuevas formas de organización social.

Desafíos y Oportunidades: Sin embargo, las micronaciones en México también enfrentan una serie de desafíos. La falta de reconocimiento oficial y los recursos limitados pueden dificultar su capacidad para prosperar y crecer como comunidades autosuficientes. Además, la presión del gobierno y la sociedad para conformarse a las normas establecidas puede limitar su libertad y autonomía.

La República Glaciar: La República Glaciar es una micronación ficticia que reclama como propios los glaciares ubicados en la República de Chile. Que fundada por Greenpeace Chile el año 2014, como protesta contra la falta de legislación protectora de los glaciares en dicho país, exigiendo que el Estado de Chile "reconozca los glaciares como un bien público, se comprometa con su protección a través de una ley y evite cualquier amenaza que los afecte". La creación de la micronación ha sido considerada como una de las razones para la presentación del proyecto de ley de protección de glaciares, durante el gobierno de Michelle Bachelet.

Sus creadores aseguran que República Glaciar cuenta con más de 90 mil ciudadanos, además de poseer embajadas en Santiago de Chile, Buenos Aires, Madrid, Ámsterdam, Sao Paulo, México y Berlín. Ningún Estado soberano le ha reconocido legitimidad a sus reclamos.

¿Cómo se convierte un "país" en Miembro de las Naciones Unidas?

La membresía en la Organización, de conformidad con la Carta de las Naciones Unidas, "está abierta a todos los Estados amantes de la paz que acepten las obligaciones contenidas en la Carta de las Naciones Unidas y, a juicio de la Organización, sean capaces de cumplir esas obligaciones". Los Estados son admitidos como miembros de las Naciones Unidas por decisión de la Asamblea General por recomendación del Consejo de Seguridad.

¿Cómo obtiene un nuevo Estado o Gobierno el reconocimiento de las Naciones Unidas?

El reconocimiento de un nuevo Estado o Gobierno es un acto que sólo otros Estados y Gobiernos pueden otorgar o negar. Generalmente implica disposición a asumir relaciones diplomáticas. Las Naciones Unidas no son ni un Estado ni un Gobierno y, por lo tanto, no poseen ninguna autoridad para reconocer ni un Estado ni un Gobierno. Como organización de Estados independientes, puede admitir a un nuevo Estado como miembro o aceptar las credenciales de los representantes de un nuevo Gobierno.

El procedimiento es brevemente el siguiente:

1) El Estado presenta una solicitud al Secretario General y una carta declarando formalmente que acepta las obligaciones derivadas de la Carta.
2) El Consejo de Seguridad examina la solicitud. Cualquier recomendación de admisión debe recibir los votos afirmativos de 9 de los 15 miembros del Consejo, siempre que ninguno de sus cinco miembros permanentes (China, Francia, la Federación de Rusia, el Reino Unido de Gran Bretaña e Irlanda del Norte y los Estados Unidos de América) Estados Unidos, voten en contra de la solicitud.
3) Si el Consejo recomienda la admisión, la recomendación se presenta a la Asamblea General para su consideración. Para la admisión de un nuevo Estado es necesaria una mayoría de dos tercios de los votos en la Asamblea.
4) La membresía entra en vigencia en la fecha en que se adopta la resolución de admisión.

En cada período de sesiones, la Asamblea General considera las credenciales de todos los representantes de los Estados Miembros que participan en ese período de sesiones. Durante ese examen, que habitualmente tiene lugar primero en la

Comisión de Verificación de Poderes, integrado por nueve miembros, pero que también puede surgir en otros momentos, se puede plantear la cuestión de si un representante en particular ha sido acreditado por el gobierno en el poder. Esta cuestión se decide en última instancia por mayoría de votos en la Asamblea. Cabe señalar que el cambio normal de gobierno, como ocurre mediante una elección democrática, no plantea ninguna cuestión relativa a las credenciales del representante del Estado en cuestión.

Actualmente hay 10 miembros no permanentes (indicando el año en que termina su mandato):

- **Argelia** (2025)
- **Ecuador** (2024)
- **Eslovenia** (2025)
- **Guyana** (2025)
- **Japón** (2024)
- **Malta** (2024)
- **Mozambique** (2024)
- **República de Corea** (2025)
- **Sierra Leona** (2025)
- **Suiza** (2024)

Países que no son miembros del Consejo:
Más de 50 Estados Miembros de las Naciones Unidas nunca han sido miembros del Consejo.

Un Estado que es Miembro de las Naciones Unidas, pero no del Consejo de Seguridad podrá participar sin derecho a voto, en sus deliberaciones cuando el Consejo considera que los intereses de ese país se ven afectadas. Tanto los miembros y los no miembros de las Naciones Unidas, si son partes en una controversia que se considera por el Consejo, podrán invitarse a participar, sin derecho a voto en las deliberaciones del Consejo, el Consejo establece las condiciones para la participación de un Estado no miembro.

EL ROL DE LA ONU FRENTE A LAS MICRONACIONES:

La ONU no reconoce oficialmente a las micronaciones ya que debe incluir con los criterios establecidos anteriormente mencionados. de las Naciones Unidas, lo que incluye tener una población permanente, un territorio definido, un gobierno, y la capacidad de entrar en relaciones con otros estados. Las micronaciones generalmente no cumplen con estos criterios de manera significativa.

53 Micronaciones Unidas

United Micronations, (abreviado como UM) y anteriormente conocido como Eje Micro nacional, es una organización intermicronacional establecida en 2024. La organización se estableció para aumentar la relación diplomática y mutua entre micronaciones. Actualmente cuenta con 33 estados miembros.

Las Micronaciones Unidas se establecieron inspirándose en las Naciones Unidas. La organización fue establecida el 9 de enero de 2024 como Eje Micronacional. Posteriormente pasó a llamarse United Micronations el 16 de febrero. Las primeras elecciones están previstas para el 19 de mayo de 2024. La mayoría de los miembros de la UM han considerado la idea de crear una moneda intermicronacional.

54 Como crear tu propia Micronación

Crear una micronación es algo fascinante que puede abarcar desde una expresión artística y cultural hasta un experimento serio de gobernanza. Este capítulo te guiará a través de los pasos necesarios para establecer tu propia micronación, abordando los aspectos legales, administrativos, y prácticos.

1. Conceptualización y Motivación:
Antes de comenzar con la creación de una micronación, es esencial tener una idea clara del propósito y las motivaciones detrás de su creación. Pregúntate:

¿Cuál es el objetivo de tu micronación? (Experimento social, protesta política, arte, turismo, etc.)

¿Qué valores y principios guiarán tu micronación? ¿Qué identidad cultural y simbología deseas establecer?

2. Definir un Territorio:

Seleccionar un territorio es un paso crucial. Aquí tienes algunas opciones y consideraciones:

Territorio Físico: Busca un lugar sin reclamos de soberanía, como Bir Tawil, o adquiere una pequeña parcela de tierra. Asegúrate de investigar las leyes de propiedad y soberanía en el área elegida.

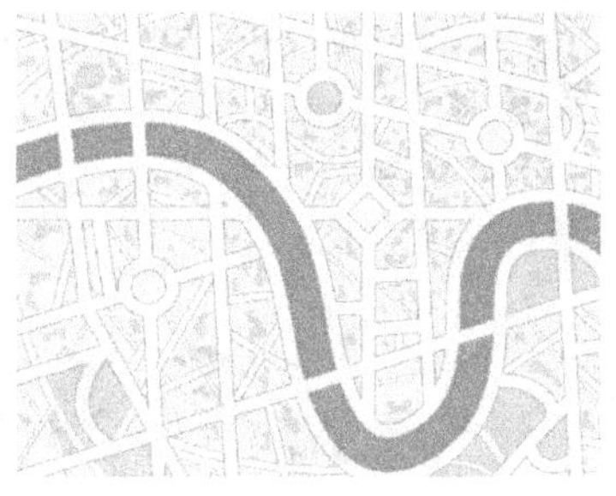

Territorio Digital: Algunas micronaciones existen únicamente en línea. Esto puede incluir una presencia en redes sociales, un sitio web oficial, y plataformas de comunicación digital.

3. Estructura de Gobierno:

Decide cómo se gobernará tu micronación. Algunos modelos a considerar incluyen:

Monarquía: Un monarca (rey, reina, príncipe, etc.) tiene el poder supremo.
República: Un presidente o primer ministro elegido democráticamente lidera el gobierno.
Anarquía: Ausencia de un gobierno formal, con decisiones tomadas por consenso.
Teocracia: El gobierno es liderado por figuras religiosas.
Desarrolla una constitución o un conjunto de leyes fundamentales que definan la estructura de tu gobierno y los derechos de tus ciudadanos.

4. Símbolos Nacionales:

Crea símbolos que representen tu micronación:

Bandera: Diseña una bandera que capture la identidad y los valores de tu micronación.

Escudo de Armas: Un escudo heráldico puede añadir un toque de formalidad.
Himno Nacional: Compón o elige una melodía que simbolice tu nación.
Sellos y Emblemas: Diseña sellos oficiales y otros emblemas para documentos y ceremonias.

5. Requisitos Legales y Declaración de Independencia:

Investigación: Consulta las leyes internacionales y locales sobre la creación de micronaciones.

Declaración de Independencia: Redacta y publica una declaración que proclame la soberanía de tu micronación.

Registro Legal: Si es posible, registra tu micronación como una entidad legal (ONG, asociación cultural, etc.) en el país donde resides.

6. Economía y Finanzas:

Establecer una economía funcional es crucial:

Moneda Propia: Crea tu propia moneda o utiliza criptomonedas.

Sistema Fiscal: Define cómo se financiarán las operaciones gubernamentales (impuestos, donaciones, etc.).

Comercio y Negocios: Fomenta la creación de negocios locales y considera acuerdos comerciales con otras micronaciones.

7. Ciudadanía y Población:

Desarrolla políticas para la ciudadanía:

Requisitos de Ciudadanía: Establece los criterios para convertirse en ciudadano (residencia, solicitud, juramento, etc.).

Derechos y Deberes: Define los derechos y deberes de tus ciudadanos en la constitución.

8. Relaciones Exteriores y Diplomacia:

Aunque el reconocimiento internacional puede ser difícil, es útil establecer relaciones diplomáticas:

Tratados y Alianzas: Negocia tratados y alianzas con otras micronaciones y, si es posible, con estados reconocidos.

Oficinas de Representación y Representantes: Nombra representantes para fomentar relaciones exteriores.

9. Infraestructura y Servicios:
Proveer servicios básicos y desarrollar infraestructura es esencial:

Servicios Públicos: Planifica la provisión de servicios como agua, electricidad, educación, y salud.

Infraestructura: Desarrolla infraestructura básica, como oficinas gubernamentales, instalaciones educativas, y sistemas de transporte.

10. Cultura y Sociedad:
Fomenta una rica vida cultural y social:

Eventos y Festividades: Organiza eventos culturales, festividades nacionales, y ceremonias oficiales.

Educación y Arte: Promueve la educación y las artes dentro de tu micronación.

11. Promoción y Publicidad:
Haz conocida tu micronación:

Medios de Comunicación: Establece medios de comunicación oficiales (boletines, sitios web, redes sociales).

Marketing: Utiliza estrategias de marketing para atraer turistas, nuevos ciudadanos, y atención mediática.

12. Sostenibilidad y Medio Ambiente:
Incorpora prácticas sostenibles:

Energías Renovables: Fomenta el uso de energías renovables y prácticas ambientales sostenibles.

Conservación: Promueve la conservación del entorno natural de tu micronación.

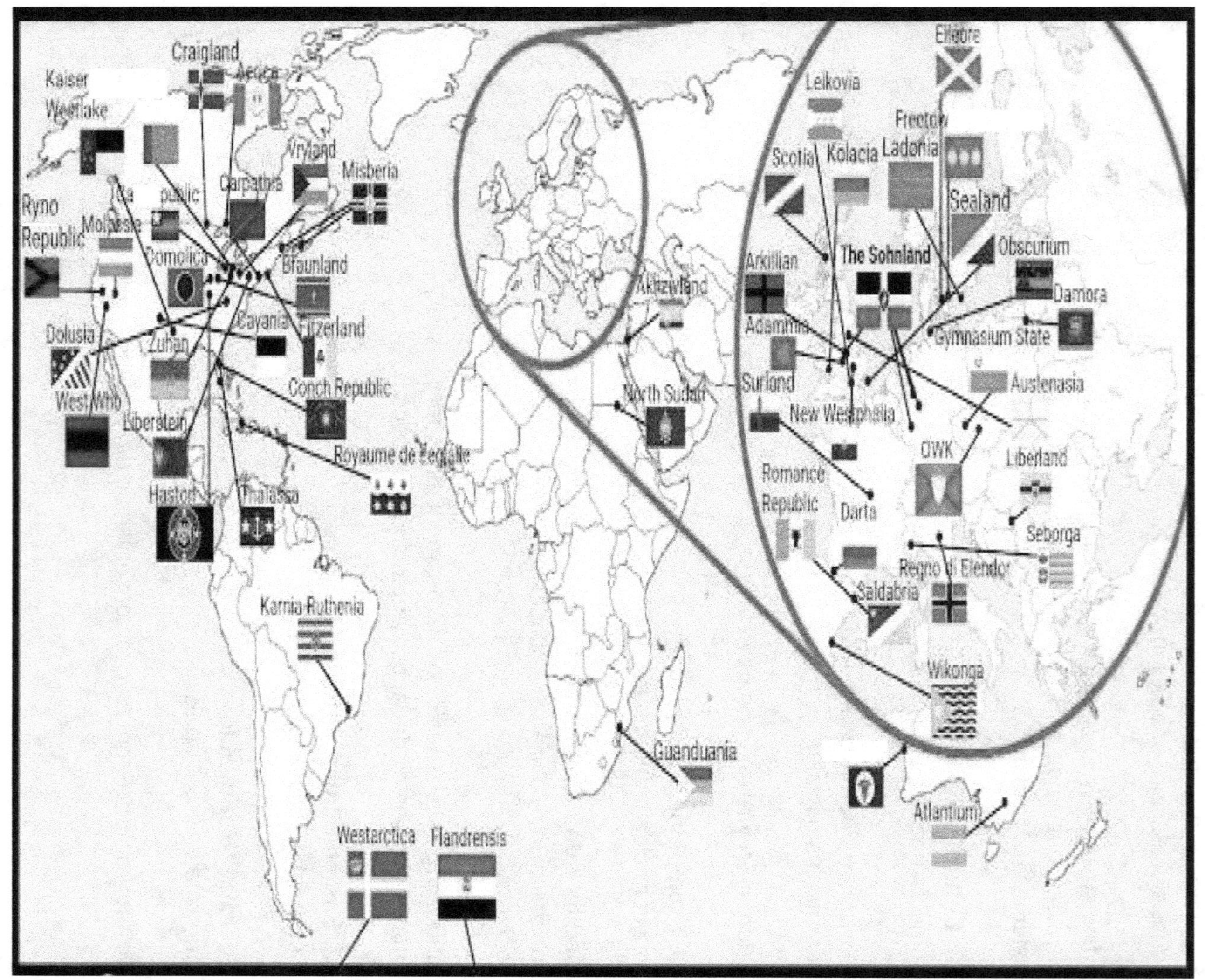

Kaiser WestTake
Craigland
Aedca
Ryno Republic
Molbasia
public
Vryland
Carpatia
Misberia
Domolica
Braunland
Dolusia
Cavania
Fitzerland
Zuhan
West Whb
Liberstein
Conch Republic
Akizwland
North Sudan
Hastol
Thalassa
Royaume de Vendule
Karnia-Ruthenia
Guanduania
Westarctica
Flandrensis
Ekkore
Lelkovia
Freetow
Scotia
Kolacia
Ladonia
Sealand
Arkillian
The Sohnland
Obscurium
Adammina
Damora
Surland
Gymnasium State
New Westphelia
Austenasia
Romance Republic
DWK
Liberland
Darta
Seborga
Regno di Elendor
Saldabria
Wikonga
Atlantium

55 Diferencias entre Embajada, Consulado y Oficina de Representación

Las Embajadas, Consulados y Oficinas de Representación juegan roles cruciales, cada uno con funciones específicas adaptadas a las necesidades diplomáticas y legales de los estados, grandes o pequeños. Para una micronación, entender estas diferencias es crucial no solo para establecer relaciones internacionales, sino también para asegurar su reconocimiento y operatividad en el ámbito global.

Embajada: El Rostro Oficial

Una Embajada es la representación diplomática más alta que un estado puede tener en otro país. Es el equivalente a la sede principal del gobierno en el exterior y está encabezada por un Embajador, quien actúa como el representante oficial del jefe de estado de la micronación ante el país anfitrión. Las funciones de una Embajada incluyen:

Negociación Diplomática: La Embajada maneja las negociaciones y discusiones diplomáticas formales entre la micronación y el país anfitrión. Esto puede incluir acuerdos bilaterales, tratados, y otros compromisos internacionales.

Promoción y Difusión: Es responsable de promover la cultura, el comercio y los intereses de la micronación en el país anfitrión, a través de eventos culturales, económicos y sociales.

Asistencia Consular: Aunque no es su función principal, las Embajadas pueden proporcionar servicios consulares limitados, como asistencia en casos de emergencia para ciudadanos de la micronación que se encuentren en el país anfitrión.

Consulado: Apoyo Directo

Los Consulados son oficinas más pequeñas y específicas, encargadas de representar los intereses de la micronación en una región o ciudad particular del país anfitrión. Las funciones de un Consulado incluyen:

Asistencia Consular Principal: Proporcionar servicios consulares esenciales a los ciudadanos de la micronación que residen o están de visita en la región. Esto incluye emisión de pasaportes, asistencia en emergencias y ayuda legal.

Promoción Comercial y Cultural: Al igual que las Embajadas, los Consulados promueven los intereses económicos, culturales y comerciales de la micronación en su área de jurisdicción.

Enlace Directo: Actúan como un enlace directo entre las autoridades locales y la micronación, facilitando la cooperación y resolviendo problemas que puedan surgir en el área de su competencia.

Oficina de Representación: Flexibilidad y Adaptabilidad
Las Oficinas de Representación son entidades menos formales que las Embajadas y Consulados. Pueden ser establecidas en situaciones donde no se justifica una presencia consular o diplomática completa, pero aún se requiere un punto de contacto. Sus funciones incluyen:

Promoción de Intereses: Representan y promueven los intereses generales de la micronación en un área determinada, pero no realizan funciones consulares formales.
Coordinación y Comunicación: Actúan como puntos de contacto para la comunicación entre la micronación y las autoridades locales, facilitando la coordinación en áreas específicas como el comercio, la cultura o la cooperación científica.
Asesoramiento y Apoyo: Proporcionan asesoramiento sobre cuestiones relacionadas con la legislación local, oportunidades de negocio y otros aspectos relevantes para los intereses de la micronación en esa región.

Elección Adecuada para Micronaciones en Legalidad:
Para una micronación, la elección entre Embajada, Consulado u Oficina de Representación depende de varios factores:

Reconocimiento Internacional: Las Embajadas son esenciales para buscar el reconocimiento formal de otras naciones.
Necesidades Consulares: Los Consulados son cruciales si los ciudadanos de la micronación necesitan servicios consulares específicos en una región.
Flexibilidad y Costo: Las Oficinas de Representación ofrecen una opción más flexible y menos costosa para establecer presencia y facilitar contactos.

En términos de legalidad, todas estas opciones pueden ser consideradas por una micronación, dependiendo de sus objetivos diplomáticos y recursos disponibles. La adecuada elección será aquella que mejor sirva para fortalecer la posición internacional y los intereses de la micronación en el escenario global cambiante de hoy.

56 El Legado de las Micronaciones

Exploraremos cómo las micronaciones han impactado el mundo y cómo su memoria perdura en la cultura popular y el imaginario grupal:

1. Experimentos Sociales y Gobernanza Alternativa:

Las micronaciones han servido como laboratorios sociales, donde se han probado diferentes modelos de gobierno y sistemas políticos. Desde monarquías hasta repúblicas, estas entidades han ofrecido una plataforma para explorar nuevas formas de organización social y comunitaria.

Ejemplo: La República de Minerva fue una micronación fundada en una plataforma artificial en el Pacífico Sur en 1972, como un experimento de libre mercado y gobierno minimalista.

2. Símbolos de Resistencia y Autodeterminación:

Muchas micronaciones han surgido como actos de protesta contra la opresión o la injusticia percibida. Estos casos resaltan la búsqueda de autodeterminación y la resistencia frente a estructuras políticas dominantes.

Ejemplo: El Principado de Hutt River declaró su independencia de Australia en 1970 debido a disputas sobre cuotas de trigo, convirtiéndose en un símbolo de resistencia frente a políticas gubernamentales.

3. Cultura y Identidad Nacional:

Las micronaciones han desarrollado su propia cultura, simbolizada por banderas, himnos, y tradiciones únicas. Estos elementos no solo reflejan la identidad nacional dentro de los límites de la micronación, sino que también contribuyen al tejido cultural global.

Ejemplo: Sealand, una plataforma marina convertida en micronación en 1967, ha creado una identidad cultural distintiva que incluye su propia bandera y ceremonias nacionales.

4. Inspiración en la Literatura y Medios de Comunicación:

Las micronaciones han capturado la imaginación de escritores, cineastas y artistas, apareciendo frecuentemente en obras de ficción y documentales que exploran temas de soberanía, identidad nacional y utopía.

Ejemplo: La Isla de las Rosas, una plataforma artificial frente a las costas de Italia, inspiró una película y varias obras literarias que exploran la idea de una sociedad separada.

5. Legado en la Política y el Derecho Internacional:

Aunque la mayoría de las micronaciones no obtienen reconocimiento oficial, su existencia desafía las normas establecidas en el derecho internacional y plantea preguntas sobre la soberanía y la autodeterminación.

Ejemplo: Ladonia, una micronación en Suecia fundada en 1996, ha generado debates sobre el reconocimiento de su estatus como entidad independiente.

6. Impacto en la Conciencia Global:

A través de su presencia en internet y en comunidades online, las micronaciones han ampliado su alcance más allá de sus fronteras físicas, conectando a personas de todo el mundo interesadas en la autogestión y la experimentación política.

Ejemplo: Liberland, fundada en 2015 en una porción disputada de tierra entre Croacia y Serbia, ha atraído atención global y debate sobre el reconocimiento de nuevas entidades políticas.

7. Impacto en la Innovación Política:

Las micronaciones han fomentado la innovación en la teoría política y la práctica gubernamental. Han sido cruciales para explorar ideas como la democracia directa, la descentralización del poder y la participación ciudadana.

Ejemplo: La República de Minerva fue una de las primeras micronaciones en proponer un modelo de gobierno basado en principios liberales y económicos de libre mercado.

8. Documentación y Archivamiento:

El estudio y documentación de micronaciones han permitido preservar su historia y evolución a lo largo del tiempo. Archivos, libros y películas han capturado sus experiencias únicas y su impacto en la política global.

Ejemplo: Documentales como "How to Start Your Own Country" han explorado diversas micronaciones y sus motivaciones, contribuyendo a su reconocimiento y estudio académico.

www.ingramcontent.com/pod-product-compliance
Lightning Source LLC
Chambersburg PA
CBHW061246250726
48653CB00002B/542